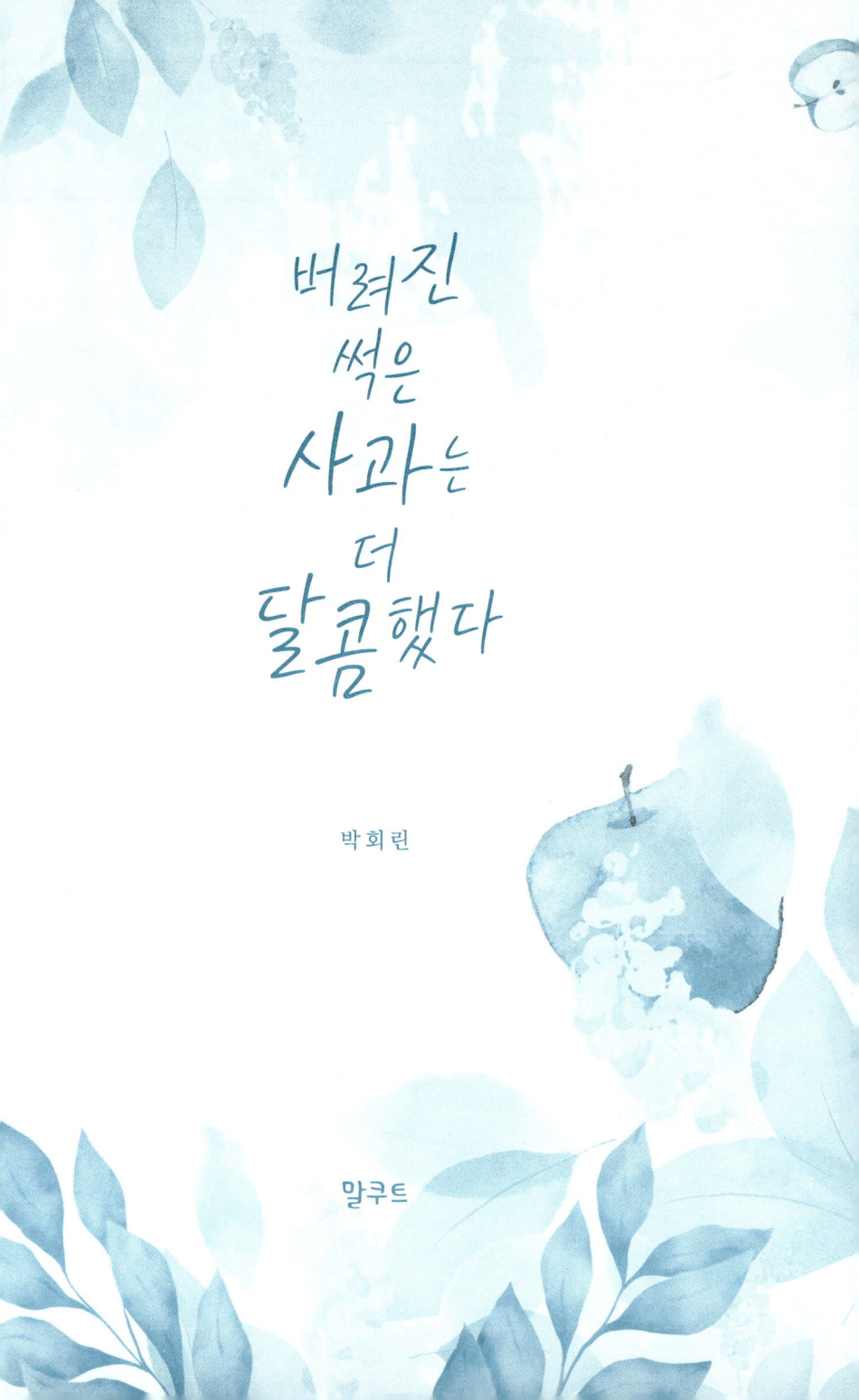

버려진
썩은
사과는
더
달콤했다

박회린

말쿠트

버려진
썩은
사과는
더
달콤했다

초판 1쇄 인쇄 2024. 12. 24
초판 1쇄 발행 2024. 12. 30

지은이 ㅣ 박회린

펴낸이 ㅣ 빅성수
펴낸곳 ㅣ 말쿠트
주 소 ㅣ 경기도 고양시 성저로25 608-204
이메일 ㅣ malkut@naver.com
등 록 ㅣ 제 2018-000076 호

이 출판물은 저작권법으로 보호받는 저작물이므로
무단전제나 무단복제를 할 수 없습니다.

ISBN 979-11-963823-7-7

버려진 썩은 사과는 더 달콤했다

기도는 생명줄이고
말씀은 삶의 방향키이다.

왕이신 나의 하나님이여

내가 주를 높이고

영원히 주의 이름을

송축하리이다

시편145:1

하나님이 함께 하시는 인생

나를 보내신 이가 나와 함께 하시도다. 나는 항상 그가 기뻐하시는 일을 행하므로 나를 혼자 두지 아니하셨느니라. 이 말씀을 하시매 많은 사람이 믿더라. (요 8:29~30)

2024년 6월 23일 주일 1부에 예배를 드렸다. 예수님께서 하신 위 말씀을 본문으로 '성도들의 소원은 하나님께서 함께하시는 인생이 되는 것이어야 한다.'라는 말씀을 중심으로 '거룩하라! 말씀에 순종하라! 영과 진리로 예배하라! 하나님은 그런 자와 함께 하신다!' 오늘도 선포되는 말씀을 들으며 어김없이, 아니 그 어느 때보다 더 큰 은혜를 받았다.

오늘 예배를 드리면서 왜인지는 모르겠으나 세상에 내어놓기는 한없이 부족하고 부끄러운 지나온 내 삶의 이야기를 글로 써

보리라 마음을 먹게 되었다.

나의 삶에 깊이 찾아오셔서 나와 함께 동거하시며 내가 고통과 슬픔을 이겨내게 하셨고 고난 중에도 날마다 "나의 힘이 되신 여호와여 내가 주님을 사랑합니다."라는 고백을 기어이 받아내시는 우리 주님을 믿는 믿음의 사람이 되기까지의 그 연단과 훈련의 과정들을 이제는 많이 지워진 지나간 기억을 소환해 가며 그저 편안한 마음으로 담담하게 부족한 글솜씨지만 풀어내려고 한다.

사람의 시대는 급속하게 변화되고 있으니 내가 살아온 그때의 모습과 지금의 현실은 매우 다를 수 있다. 그러나 어제도, 오늘도, 내일도, 영원히 동일하신 하나님께서 일하심은 그때나 지금이나 하나님의 방법으로 인도해 가심을 믿기 때문에 현재 믿음의 여정 가운데 연단의 시간을 지나고 있는 성도님들이 계신다면 부족한 저의 믿음의 고백을 통하여 걸어가시는 길에 희미한 이정표라도 되었으면 하는 응원의 마음을 담아서 주제넘게 글쓰기를 시작한다.

남편을 하늘로 보내고 목사로서의 소임을 내려놓고 제자광성교회에 평신도 등록 교인이 된 지가 11월이면 1년이 된다. 주일예배, 금요예배, 새벽예배, 셀 예배 등 모든 예배에 참석하며 웃고, 울고, 깨닫고, 결단하고 하면서 주님께서 주시는 은혜 안에 푹 빠져서 살고 있다. 어쩌면 언젠가부터 매너리즘에 빠져 있었던 것에서 첫사랑을 회복한 기분이 아닐까 싶다.

이 기회에 늘 은혜 충만한 하나님의 말씀을 대언하시는 제자광성교회 박한수 담임목사님께 존경과 감사를 올려드린다.

진리는 하나인데 믿음의 깊이와 방향은 사람마다 조금씩 다르다. 본인이 경험한 만큼 알게 되고 깨달으며 성장하고 그만큼만 믿어지기 때문이다. 동일한 말씀이라도 모든 사람의 신학적인 견해가 많이 크고 차이가 난다. 또 이론적으로는 정답을 낼 수 없는 영적인 일들도 많다.

내가 경험한 영적인 일들은 하나님께서 사람을 통해서 하시는 수많은 일 가운데 빙산의 일각에 불과하지만, 나의 삶에 대해 이해가 필요한 부분은 글을 쓰면서 몇 가지를 서술하려고 한다. 혹시라도 이 부족한 사람의 글을 읽어주시는 분들의 마음에 걸림돌이 되지 않기를 간절히 바라면서....

목 차

1. 하나님이 함께 하시는 인생. | 7

2. 내가 찾는 기도 제목 | 14

3. 발칸산맥의 장미 | 32

4. 결혼생활의 시작 | 48

5. 마르투스 | 62

6. 일본, 고후, 가와사키 | 102

7. 버려진 썩은 사과는 더 달콤했다 ｜ 136

8. 다시 한국으로, 그리고 회복 ｜ 148

9. 안녕, 그리고 굿바이 ｜ 160

10. 부르심과 섬김의 삶 ｜ 174

11. 그분의 마음을 따라가는 삶 ｜ 180

내가
찾는
기도 제목

내가 찾는 기도 제목

2008년 어느 날 나는 기도 중에 내 남은 인생을 사는 날 동안에 기도해야 하는 기도 제목을 하나님께서 알게 하셨다.

그것은 세계지도를 펼쳐 놓으시고 세계 곳곳 여기저기서 한 사람씩 툭 올라왔다가 그 자리에서 사라지고 다른 쪽에서 툭 올라왔다가 사라지고 하는 모습을 보여주시면서 말씀하셨다. 이들이 복음의 폭탄을 터트리고 순교할 자들이라고 이들을 위하여 기도하라고, 그런데 그때 많이 놀랐었다. 현시대에는 목회자들이 포화상태인데 세계지도 속에 그들은 그 수가 그리 많지 않았기 때문이다. 물론 모든 목회자는 그 쓰임새가 다 다르므로 하나님의 여러 가지 계획하심 가운데 한 분야의 사람들만 보였을 수도 있어서 그것으로 인해 옳고 그름을 이야기하는 것은 결코 아니다.

그 후 내 삶이 분주하고 그들이 누군지도 모르니 그 일을 잊은 듯이 열심을 내어 기도하지 못하고 있었는데 그로부터 10년 후쯤 새벽기도 중에 또 한 번 그때와 똑같이 보여주시며 말씀하셨다.

그때는 한 목회자를 지명해 주시며 지도 속에 있었던 그중 한 사람이라고 알게 하셨고 세계지도 속에 어느 지역쯤인지도 알게 해주셨다. 기도는 기도로 배운다는 말이 있듯 지명된 그 목회자를 위하여 날마다 수년을 기도하면서 그분의 목회와 힘듦이 느껴지고, 그 느껴진 마음으로 또 기도하게 되고, 그 아픔이 내게로 전해져와 많이 울고 가슴 아팠던 적이 있다. 아마도 그 시기가 그분의 목회가 가장 힘들었을 때가 아니었나 싶다. 우리 하나님은 그렇게 중보기도 하는 자를 찾으시고 가까이서든 멀리서든 하나님의 계획을 따라 일하고 있는 하나님의 사람들을 위하여 기도하게 하신다.

목회자를 위한 중보기도

마음을 주님의 얼굴을 향하여
물을 쏟듯 하게 하시고

주님의 빛 가운데로 세우시고

거룩함으로 덧입혀 주시고

불순물을 제거한 화살기도로

홍해를 가르는 지팡이를 손에 쥐여주시고

죽은 자를 살리는 능력을 주시고

언어에 강력한 힘을 주시고

날마다 십자가에서 죽고

예수님과 함께 부활하게 하소서

중보기도는 그 사람의 필요를 채움만이 아니라

그 스스로 주님 발 앞에 엎드릴 수 있도록 간구함이다.

중보기도를 통하여 깊은 영성의 사람이 발견되고 태어난다.

하나님의 눈길이 머무는 곳에는 하나님께서 바라보시는

하나님의 사람이 있다.

지금도 가끔 그 지명하신 목회자가 어떤 목회를 하고 계시는지 궁금해서 유튜브에서 찾아보기도 하고 그때처럼은 아니지만 생각나게 하시면 그분을 위하여 기도하고 있다. 하나님의 일이라는 것이 우리 피조물들은 도저히 측량할 수 없는 것들이라서 이렇게 저렇게 예측할 수도 없고 단정 지을 수도 없다. 왜냐하면, 기도하던 방향에 따라 내가 예측했던 것들과 전혀 다른 방향으로 응답하시는 것을 수도 없이 깨달으며 살아왔기 때문이다.

하나님은 목적지를 정해놓으시고 그 길로 바로 인도해 가지 않으신다. 시간과 과정을 중요하게 여기시기 때문이다. 우리는 그 과정 중에 성장하고 변화되어 예수 그리스도를 닮아가며 거룩함으로 무장하고 조금씩 성화 되는 훈련의 시간을 통하여 그 힘으로 믿음의 단계마다 한 걸음 한 걸음 목적지를 향하여 그 걸음을 옮겨갈 수 있기 때문이다.

제자광성교회 등록 교인이 된 후 어느 날 예배 때 일이다. 그 수년 전에 두 번씩이나 하나님께서 세계지도를 펼쳐 놓으시고 말씀하셨던 '복음의 폭탄'이라는 단어를 박한수 목사님께서 설교 중에 쓰시는 것을 들었다. 그 순간 너무 놀랐고 그 단어에만 귀가 번쩍했기 때문에 어떤 문맥에서 그 단어가 나왔는지 지금 생각이 나지는 않지만, 그 순간은 가슴이 뛰었다. 목회자들이 흔하게 사용하는 단어는 아니기 때문이다. 그 후로부터는 그 기도가 더 간절해지는 계기가 되었다. 요즘도 나는 새벽기도 시간에는 그 일을 위하여 빼놓지 않고 기도하고 있고 하나님께서 그것을 통하여 어떠한 일을 하실까 궁금하기도 하고 하실 일에 대하여 기대를 한다.

　도저히 끝나지 않을 것 같던 더위가 물러갈 채비를 하는 것 같다. 9월이 시작되면서 새벽공기가 달라졌다. 낮에는 여전히 뜨거운 태양 볕이 내리쬐고 있으나 그 속에는 이미 가을을 품고 있다.
　나는 가을이 되면 마음이 힘들어지는 성향의 사람이었다. 일명 '가을을 탄다'라고들 한다. 지금이야 나이도 들고 감성도 무뎌졌지만, 한때는 계절을 무사히 넘길 수 있을까 싶을 만큼 가슴 속 앓이를 많이 하곤 했다. 그럴 때는 말씀으로 은혜를 받고 기도로 주님을 만나도 가을 속앓이가 해결되지 않았다. 내가 그렇다는 것을 아는 유일한 한 사람이 고등학교 때부터 절친한 친구인 숙이라는 친구이다. 그 친구는 요즘 내게 늘 말한다. 백 세 시대에 칠순의 나이는 많은 것도 아니라고, 이제부터는 나를 위한 삶을 살라고, 좋아하는 여행도 하고, 맛있는 것도 먹으러 다니고, 좋은 옷도 사 입으라고 사랑의 조언을 해준다.

그러나 난 쉴 틈이 없이 분주하게 살아온 인생이라 그런지 현재 이 자체로도 충분히 평안하고 소중하고 행복하고 그야말로 진리 가운데 자유를 누리고 있다. 종일을 집에서만 빈둥거려도 좋다. 이젠 특별히 좋은 일도 좋지 않은 일도 구분되지 않는다. 사람에 대하여도 그렇고 환경에 대하여도 마음이 그저 잔잔한 호수처럼 요동함이 없다.

가을이여 오거라! 나는 너와 함께 주님을 묵상하며 사색하고 너의 계절을 나의 낭만으로 즐겨주리라!

예전에 나는 베스트 드라이버라는 소리를 들었고 운전하는 것을 좋아했다. 그런데 요즘은 전철을 타는 것이 좋다. 자리에 앉아 눈을 감고 주님과 대화하는 것도 좋고, 아무런 생각 없이 서서든 앉아서든 그냥 멍때림도 좋다.

남이 운전하는 차를 타면 운전하는 사람의 습관에 따라서 약간씩 멀미를 한다. 그래서 남의 차를 타고 장거리를 갈 때는 멀미약을 먹곤 하는데 그런 내게 자가용을 타면 좋을 때가 있는데 나의 절친 숙이가 운전하는 자동차 조수석에 앉을 때이다. 주님께 말고 유일하게 깊은 대화까지도 나눌 수 있는 나의 참 좋은 친구이다.

숙이는 매사에 배우는 것을 좋아해서 여러 가지 재능이 있다. 천연 화장품과 비누를 만들어서 나눠주는데, 숙이가 만들어 주는 스킨과 에센스는 나와 숙이의 관계처럼 나에게 잘 맞아서 참 좋아한다. 숙이는 제빵 제과 기술도 뛰어나서 숙이가 만들어 주는 빵 맛이 어느 유명제과점 빵보다 맛있다. 숙이는 바리스타 자격증도 있다. 음식솜씨가 좋아서 숙이가 해주는 음식은 무엇이든 내 입맛에 맞는다. 숙이와 함께 있으면 어디를 가도 무엇을 해도 난 마음이 편하게 그 의견에 따를 수 있다.

그렇지만 사실 숙이와 나는 타고난 성향은 아주 다르다. 그런데 오랜 시간 우리가 친구로 지내오면서 함께 늙어가고 각자의 삶 속에서 서로 다듬어지고 예수 그리스도를 믿는 믿음 안에서 같은 방향을 바라보며 살다 보니 인생 후반 전에 서로에게 없어서는 안 될 좋은 친구로 남게 되었다.

숙이에게는 예쁜 두 딸이 있다. 큰딸은 결혼했고 작은딸은 아직 미혼인데 해마다 연말이 되면 회사에서 나오는 다이어리를 고맙게도 나에게 선물해 준다. 그 다이어리에 나는 날마다 일기를 쓴다. 벌써 그 일기장이 7권째를 쓰고 있다. 딸아, 축복한다.

우린 가끔 이야기한다. 앞서거니 뒤서거니 비슷한 시기에 천국으로 갔으면 좋겠다고, 한 사람 보내고 나면 남은 한 사람이 힘들어서 어떡하냐고, 인생 말년에 이런 친구가 한사람 있다는 것은 감사요 축복이다.

얼마 전에 아들네 3식구와 딸네 4식구가 모여서 나의 칠순을 기념하며 밥을 먹었다. 이들은 하나님께서 나에게 주신 선물들이요 내 믿음의 열매들이다.

살면서 좋은 환경으로 키워주지도 못했는데, 잘 자라 주었고 각자 좋은 배우자들을 만나서 믿음 안에서 행복한 가정을 꾸리고 살아주니 세밀하게 간섭하시며 바른 길로 인도하신 하나님께 감사요, 어미로서 이 아이들에게 고마울 따름이다.

남편에 관한 이야기는 뒤에서 다시 언급하겠지만, 남편이 2022년 9월 하늘로 가기까지 투병 생활 5년 중 2년여를 와상환자가 되어 집에서 돌봐야 했다. 심근경색으로 관상동맥우회술이라는 심장 수술을 했다. 그 수술은 본인의 허벅지에서 동맥을 잘라다가 심장에 세 줄이나 연결하는 수술이었는데 수술을 집도하신 의사 선생님이 환자가 천운이라고 했다.

그 후 죽는 날까지 일주일에 세 번씩 혈액투석을 해야 했고 부정맥으로 심정지가 자주 와서 가슴에 심박동기를 심었고 낙상 사고로 고관절 수술도 했다. 그 여파로 걷지 못하게 되었고 병이 점점 위중해지면서 혈관성 치매까지 왔었다.

마음 속에 품고 있는 나를 위한 기도 제목이 한 가지 있었는데 '나이 들어 이 땅에서의 인생 끝자락이 오면 운전도 손을 놔야 할 때가 올 테니 예배당과 내 사는 집이 지척이라 기력이 다하기 까지 걸어서 새벽기도 갈 수 있고 주일에는 존경할 수 있는 목사 님이 전하시는 하나님 말씀으로 은혜를 누리다가 홀연히 어느 날에 하나님께서 하늘로 불러가시면 좋겠다.'라는. 남편의 병세 가 점점 악화하면서 병원에서는 길어야 6개월이라는 진단을 내 렸다. 나의 기도는 구체화 되었고 더욱 간절해졌다.

남편이 장기 요양 환자 3등급을 받았기 때문에 가족요양비를 받으려고 요양보호사 자격증 취득을 위하여 공부했다. 그러던 중 남편은 하늘나라로 갔고. 장례식을 마치고 바로 시험을 보았다. 그 자격증으로 요양원에 취업하게 되었다. 무언가 떠밀리듯 일사천리로 나에게 계획에도 없던 새로운 길이 열리고 있었다. 그러나 그것은 하나님의 인도하심이라는 것을 사방에서 알 수 있었다.

남편과 살다가 혼자가 되고 보니 근무가 없이 쉬는 날에는 밤 잠을 설치는 날들이 늘어갔다. 그러던 어느 날 요양보호사 실습 하면서 만났던 분이 제자광성교회 교인이라고 했던 것이 생각이 나서 (사실 나는 그때까지 제자광성교회를 몰랐었다) 유튜브에서 제자광성교회를 찾아서 박한수 목사님의 설교를 듣게 되었고 그 후 끌리듯 모든 말씀을 찾아가며 듣고 또 들었다. 그 당시 주로 기도에 관한 말씀들을 들었는데, 기도에 관심이 많았던 사람 이었고 또 그 말씀들이 내 믿음의 방향과 일치되는 부분들이 많아서 보화를 발견한 기분이었다.

요양원에 출근하느라 시간은 쏜살같이 지나갔다. 남편 간 지 일 년이 되어가던 2023년 여름 끝자락 어느 금요일 밤 처음으로 집에서 느긋하게 앉아서 제자광성교회 금요철야예배를 라이브 방송으로 드리게 되었다. 9시부터 찬양이 시작되고 나도 찬양을 따라 부르는 데 마음이 은혜로 요동치기 시작했다. 찬양이 거듭 될수록 뜨거운 눈물이 주체할 수 없이 흘러내렸다.

말씀을 듣는데 그날 말씀의 내용이 무엇이었든 간에 내 귀에는 온통 주님께서 그동안 살아내느라 수고했다고 나를 위로하시는 사랑의 음성으로 들렸고 제자광성교회로 부르시는 사인으로 들렸다.

그 밤을 잤는지 새웠는지, 토요일 아침이 되었다. 제자광성교회를 가봐야 하겠다는 마음이 급했다. 편한 차림으로 채비하고 내비게이션의 안내를 따라 초행길을 한달음에 달려갔다. 교회 주차장에 차를 세우고 지하 2층 본당으로 내려갔다. 성전에는 찬양을 연습하는 청년들이 있었다. 밖에서 보는 것보다 성전이 넓어 보였다. 계단식으로 의자가 놓여 있었고 우측 중간쯤에 앉았다. 앞쪽에도 한 분이 기도하고 계셨다. 눈을 감고 아버지~ 하는데 눈물이 주르륵 흐른다. 한참을 기도하는데 여기로구나 싶었다. 그렇다면 교회 가까이에 집도 이미 마련되어 있으리라는 생각이 들었고 밖으로 나와서 차는 주차장에 두고 교회 주변을 걸었다.

나의 적은 예산으로는 쳐다볼 수도 없을 것 같은 아파트들이 밀집해 있었다. 나의 바람대로 걸어서 새벽예배를 오갈 수 있는 집은 없을 것 같이 보였다. 그래도 가격은 물어봐야겠다고 생각하고 부동산을 찾는데 모두 문을 닫았다. 돌아서려는데 한 부동산 사무실 안에서 사람 머리가 보였다. 문을 밀고 들어갔더니 그분 얘기가 이 동네 부동산들이 모두 쉬는 날이란다. 본인은 일이 있어서 잠깐 들렸는데 지금 막 나가려고 하던 참인데 딱 맞춰 왔다고 하면서 웃는데 인상이 참 좋으셨다. "어떤 집을 찾느냐?"고 하기에 나는 별 기대 없이 제자광성교회와 도보 10분 내 거리에 있는 집으로 예산과 취향을 얘기했다. 그런데 그분 웃으시며 집을 보러 가자고 하신다. 내가 찾는 집과 일치하는 곳이 바로 앞에 있다고 하신다. 할렐루야! 그렇게 나는 믿음으로 기도하고 기다리면 반드시 하나님의 때에 하나님의 방법으로 응답하시는 살아계신 하나님을 또 체험했다.

2023년 10월, 내 사랑하는 아이들이 쉬는 월요일에 그들의 도움을 받으며 이사를 했다. 독거노인의 삶이 시작되었다. 단지 안에 있는 나무들이 온통 울긋불긋 가을옷을 입고서 나를 반겨주었다. 어서 오라고, 함께 잘살아보자고 웃어주는 듯했다. 낯선 동네에서 적응하며 교회에 가고 요양원 출근하고 여전히 바쁜 일상의 시간이 지나고 있었다.

그러던 어느 날 마지막 한 장 남은 12월 달력을 넘기면서 요양원을 그만두어야 하나 생각이 들기 시작했다. 내가 목회자라는 것을 요양원에서도 알고 있었기 때문에 함께 근무하는 동료들의 배려로 주일에는 쉴 수가 있었지만, 새벽예배와 금요예배, 셀 예배는 온전히 참석하기가 어려운 것이 자꾸 마음에 걸렸다. 그럼에도 퇴직을 결정하지 못하고 있었는데 갑자기 하혈하면서 몸에 이상이 왔다. 젊어서 자궁 적출을 했기 때문에 다른 이상이 왔나 싶어서 급하게 병원을 갔더니 급성방광염이라고 했다. '일을 멈추고 쉬어야 한다.'고 진단해 주셨는데, 그와 동시에 코로나까지 진단을 받았다. 더는 선택의 여지가 없었다. 생각만 하던 요양원 퇴직 문제가 그렇게 결정되었다.

아무튼, 남편 덕분에 요양보호사 자격증을 취득할 수 있었고 또 자격증 공부하던 학원에서 만난 분을 통하여 제자광성교회를 알게 되었고 집도 교회도 기도한 대로 응답받았다.

과정 중에는 볼 수 없었던 것을 지나고 나면 그 배후에서 역사하시는 하나님의 손길이 있었음을 깨닫게 된다. 근시안적인 나는 어차피 응답해 주실 것을 바로 주시면 되지 왜 이렇게 돌고 돌아 시간도 낭비하면서 힘들게 하시는가 싶을 때가 많다. 그러나 그 과정을 다 통과하여 결과에 이르면 알게 된다. 우리 좋으신 하나님은 이런 계획이 있으셔서 그렇게 하셨구나 하고 무릎을 치며 깨닫게 되는 일이 수 없이 많다.

그래서 믿음은 기다림이라고 하지 않던가.

그렇지만 나는 또 그것을 잊은 듯 똑같은 일을 반복하는 피조물이다. 어느 새벽기도 중에 내가 하도 징징거리니 하나님은 애벌레를 보라고 하셨다. 너는 아무것도 할 수 없이 그냥 그 자리에서 꿈틀거리는 애벌레에 불과하다고 하셨다. 나는 하나님의 도우심의 손길이 없으면 일어설 수 없는 애벌레이다.

요양원에서 꼭 채운 1년을 근무했다. 그곳에 입원하고 계시는 어르신들을 보면서 사람은 예수 그리스도로 말미암아 구원받지 못한다면 이 땅에 아니 태어남만 못하다는 것을 뼈저리게 느꼈다.

요양원에서의 1년은 나에게 여러 가지로 많은 공부가 되었고 앞으로 나의 남은 인생을 사는 동안에 유익함으로 작용할 것이다.

남편을 보내고 그 사람의 짐을 정리하면서 한 사람의 흔적이 너무 많다는 것을 알았다. 물론 사람마다 정도의 차이는 있겠으나, 또 내가 이 땅을 언젠가 떠나고 나면 내 아이들 몫인 수고를 최소한으로 줄여주고 싶기도 했다. 수십 년 아끼고 쓰던 세간들을 꼭 필요한 최소한의 것들만 남기고 정리했다.

굴곡진 고통의 시간을 지나오면서 삶의 이정표가 되어주기도 하고 용기를 얻기도 했던 내가 소중하게 여기던 꽤 많은 책도 필요한 사람들에게 나눠주고 버리기 아까운 것은 중고 서점 알라딘에다 팔기도 하면서 성경 포함 열 권 정도만 남겼다.

한때는 내가 의류 디자이너라는 것이 무색하게 옷이 많지 않았지만, 그 가운데서도 또 정리했다. 정리했다고 해도 또 늘어나는 것이 사람의 짐이라서 정리도 중하지만 더 중한 것은 함부로 사들이지 않는 것일 수 있다. 아무튼, 지금 현재 미니멀 라이프를 즐기고 실천하며 살아가고 있다. 온라인상에 남아 있는 나의 흔적들도 습관처럼 날마다 정리하고 있다. 메일 수신함도 지우고, 페이스북에도 카톡에도 필요한 것만 남긴다. 사역지를 옮기면 먼저 하는 것이 휴대전화에 저장된 성도님들의 번호를 지우는 일이었다. 사역하면서 친밀하게 지냈다고 해도 내가 그 사역지를 떠나게 되면 그분들을 위해서라도 연락을 주고받지 않는 것이 더 좋다는 나만의 규칙 같은 것이다.

비로소 나는 칠십 년 동안의 고단했던 삶의 짐을 내려놓게 되었고 하나님께서 언제 부르셔도 감사함으로 주님 앞에 설 수 있도록 이 땅에서의 남은 시간은 오직 천국을 바라는 그 소망 가운데 살아갈 것이다.

오늘의 평안함은
광야 길을 걸어온 과거의 열매이고
오늘의 고요함은
주님의 계획을 따라 살아온 믿음의 결과이다.
2024년 1월 31일 심방을 오셨다.
문에 제자광성교회 교패를
꾹꾹 눌러서 붙여 주셨다.
나는 이 집에서 살다가 주님께로 갈 것이다.

발칸산맥
의
장미

발칸산맥의 장미

최고의 향수를 만들어 낸다는 발칸산맥의 장미는

가장 춥고 캄캄한 밤에 잎을 딴다고 한다.

그때가 가장 좋은 향을 내뿜기 때문에...

박해 속에 순교자가 있었고

아무것도 붙잡을 것이 보이지 않는

인생의 깊은 터널 속에서 순종의 손을 든다.

냉기를 견딘 씨는 꽃을 피운다.

나는 오빠 둘 언니 둘 5남매의 막내로 태어났다. 세무공무원이 셨다는 아버지는 내가 4살이 되는 해에 돌아가셨고 서당 훈장님 딸이셨다는 어머니는 친정에서 배워오신 한복 바느질로 생활전

선에 뛰어들 수밖에 없어서 어린 나는 할머니 손에 이끌리어 작은 집으로 보내졌다. 작은아버지는 과묵하신 분이셨고 철도 공무원으로 일하고 계셨다. 작은어머니는 성격이 괴팍하시고 무서웠는데 어린 손녀까지 달고 들어온 시어머니가 못마땅하셔서 날마다 할머니랑 싸우셨고 나는 날마다 슬펐던 기억이 있다.

어느 날 장롱 속에 숨겨두고 사촌 여동생에게만 먹이던 원기소를 내가 먹고 싶어 하는 것을 할머니가 아시고 작은어머니 몰래 꺼내 주셨는데, 원기소를 먹다가 발각이 되어서 빗자루를 거꾸로 들고 고래고래 소리를 지르며 따라오시는 작은어머니를 피해 먼지가 휘날리는 신작로를 울며 내달리던 흐릿한 기억도 있다. 그때 먹던 그 원기소는 왜 그렇게 맛이 있던지....

작은어머니에게 혼이 나거나 만날 수 없는 가족이 보고 싶으면 뒷동산에 올라가 앉아 동강 건너 언덕에 있는 예배당을 바라보곤 했다. 어린 마음에 그 예배당 건물은 참 아름답다고 생각했었다.

4학년 때는 미술 시간이면 야외수업으로 동산에서 그림을 그리곤 했었는데 선생님께서 산 풍경을 그리라고 하셨는데 나는 예배당을 그렸다가 혼나기도 했었다.

훗날 생각해 보니 그때 작은아버지가 공무원이시니 먹고 사는 걱정이 없었던 집이라 다행이었고 철도관사에 살았기 때문에 집 환경도 준수하게 살았구나 싶었다. 내가 작은아버지와 숙모에게 큰 빚을 졌구나! 깨달았지만, 두 분은 이미 오래전에 돌아가셨다.

작은아버지 댁으로 4살에 가서 초등학교를 졸업했으니 10년을 살면서 우여곡절도 많았지만 돌이켜 보면 모든 것이 다 만만치 않은 인생길을 걸어야 할 나를 단단하게 만드는 감사의 시간이었다.

지금도 나는 함께 자란 사촌 여동생과는 잘 지내고 있다. 오래전에 전도해서 열심히 믿음 생활을 잘하는가 싶더니 코로나를 지나면서 아직도 예배드림을 쉬고 있다. 늘 재촉하고 있지만 내 마음 같지 않다.

초등학교를 졸업하고 나는 어머니가 계시는 서울에서 중학교를 입학했다.

그러나 어머니의 서울살이는 녹록지 않았다. 큰오빠 큰언니는 오래전에 결혼해서 따로들 각자 흩어져 다른 지방에서 살고 있었고 어머니는 폐결핵을 앓고 있는 작은오빠를 돌보시며 생활하고 계셨는데 어머니 혼자 벌어서는 생활이 어려워 그런지 작은언니는 학교를 중퇴하게 되었고 기숙사가 있는 공장에서 일하고 있으면서 쉬는 날에만 온다고 했다.

작은아버지 댁에서 살면서 숙모의 폭력적인 언어를 듣고 눈칫밥을 먹으며 얼른 커서 그 집 벗어나기를 기다리며 살았는데 오히려 그것이 나를 정신적으로 또래보다 빨리 철이 들게 한 자양분이 되었다는 것을 서울 생활이 시작되고 얼마 지나지 않아서 깨달았다.

폐결핵 환자인 작은오빠와 단칸방에 함께 기거할 수 없었기 때문에 어머니는 나를 고향 친구가 사시는 부암동으로 보내주었다. 그 집은 꽤 큰 저택이었는데 본채 밖에 창고로 쓰던 방을 혼자 살게 해주셨다.

그때는 범죄도 없는 시대였고 오기로 똘똘 뭉친 나는 무서움도 없었다. 학교를 중퇴했다는 언니를 보며 화가 치밀어 올랐던 나는 절대 언니처럼 학업을 포기하지 않겠다는 결심을 했다. 그 결심은 나를 돈을 벌어가며 공부하는 고학생으로 내몰았다. 새벽에는 신문 돌리고 저녁에는 가게에서 심부름도 하고 나를 써주기만 하면 어디서든 닥치는 대로 일을 했다.

나는 초등학교 때 우등상을 맡아놓고 타는 학생이었다. 시골에서 톱을 했어도 서울 학생들과는 비교도 할 수 없다고 하는데 공부할 시간도 없이 일하면서 학교에 다니고 있으니 수업 시간에 집중이 되지 않았다. 학교 성적은 바닥을 쳤다. 마음의 좌절이 컸고 언니처럼 되기는 싫었지만 어찌할 수가 없었다.

어릴 적 작은아버지 식구들이 안방에서 '호호하하' 행복해할 때 나는 작은 방에서 할머니 옆에 딱 붙어 앉아 학교에서 빌려온 동화책을 읽곤 했었다. 글짓기 대회에서 상도 여러 번 받았다. 그중에서 학교 대표로 강원도 대회에 나가서 상을 받은 기쁨은 오래도록 기억에 남았다. 어릴 적 내 꿈은 동화 작가가 되고 싶었고 그 꿈은 고등학교 재학 중에도 변하지 않았는데 결국 대학교 국문과에 입학하는 것을 포기하면서 꿈은 사라졌다.

가장 힘들었던 기억으로 남은 고등학교 2학년 무렵에 누가 나에게 전도를 한 것도 아닌데, 창고 방 가까운 거리에 있는 교회에 갔었다. 조용히 뒷자리 구석에 그림자처럼 앉았다가 나오곤 했다. 그때 누가 나에게 적극적으로 전도하며 교회에 정착시키려고 힘썼다면 아마도 나는 다시는 발걸음하지 않았을지도 모른다. 혼자 힘들게 살다 보니 대인 기피 현상이 있었기 때문이다. 다행히도 나에게 아무도 관심을 두지 않았고 그렇게 나는 울고 싶은 날 동산에 올라 예배당을 바라보던 초등학교 때처럼 육신이 지쳐 힘든 날 누구에게 하소연하고 싶은 날 뭐 그런 날에는 뭔지 모르는 힘에 이끌리어 예배당 구석 뒷자리에 앉았다 오곤 했었다. 그렇게 막연히 보이지도 않고 알지도 못하는 하나님이라는 존재를 내가 기대고 의지하고 사람에게는 받을 수 없는 위로를 받고 또 말할 수 없는 마음속의 이야기를 해도 되는 그런 인식을 가슴에 품어가고 있었다.

삶이 힘겨울 때는 시간도 느리게 가는 것같이 느껴진다. 그러나 시간은 언제나 제 할 일을 하는 법. 끝이 나지 않을 것 같은 처절한 인생에도 어김없이 세월은 흘러갔다.

어찌어찌 학교를 다니며 일하던 끝에 고등학교 졸업반이 되었다. 고등학교를 졸업하면서 지긋지긋한 고학의 시간도 지나갔다. 대학 진학은 남의 나라 이야기이고 실습생으로 회사에 취업하게 되었다. 성격이 약간 보수적이고 말수가 적었던 나는 다행히 맡은 바 임무는 실수 없이 완벽하게 해내며 윗사람이 보기에 충직한 사람으로 인정을 받았다.

그곳에서 나는 내 인생에 터닝포인트가 되게 해주었던 좋은 상무님을 만나게 되었다. 그분은 이미 함께하는 직원들에게 존경받는 리더이신 듯했다. 직원들은 그분 삶의 철학 속에서 폭넓은 인생으로 사는 방법들을 눈뜨게 되고 시대를 앞서가는 안목을 배우는 것 같았다. 그곳에서 그분의 독려로 운전면허증을 취득했다. 그때는 여자가 운전하는 것은 드물었던 때이고 운전을 배우던 학원에도 여자는 나밖에 없었다. 나는 그 회사에 있는 동안 사회생활의 이모저모를 많이 배울 수 있었고 그 경험들은 나의 자존감을 상승시키는 플러스 요인으로 작용했다.

어느 날 출근을 못 하고 어머니의 고향 친구분이 내어주신 창고 방에서 쓰러졌던 적이 있었다. 수 년을 혼자 살며 고학하느라 제대로 먹지도 못하고 쉬지도 못했던 여파가 과로에 영양실조로 정신을 잃었던 것이다.

핸드폰도 없던 시절이고 집에 전화가 있을 리 만무했고 회사에서는 결근을 한 번도 않고 성실하던 내가 사전 얘기도 없이 출근하지 않으니 그 좋으신 상무님께서 이력서에 있는 내 주소로 부하직원을 보내셨다. 그 직원은 쓰러져 있는 나를 발견하고는 그대로 업고 병원으로 뛰었다고 했다. 그때는 자가용을 타는 사람이 드물었던 시대라 지금 기억은 나지 않지만 분명 나를 찾아왔던 그 직원은 내 주소를 들고 버스를 타고 물어물어 찾아왔을 것이다. 그렇게 나는 좋은 상무님의 아랫사람에 대한 관심과 나를 업고 뛴 직원분의 수고가 더해서 생명을 유지할 수 있었다.

그 일이 있고 난 뒤로는 회사에서 상무님과 모든 직원이 나에 대한 배려가 더 많아져서 더 열심히 일하는 재미가 있었다. 그때 만났던 상무님은 훗날 나에게 큰 돈으로 도우셔서 내가 일본으로 가서 신학교를 입학할 수 있는 발판을 만들어 주셨고, 장차 나의 남편이 될 사람의 매형이며 상무님의 절친이셨던 사장님을 만나는 역할을 하셨다. 그리고 훗날 그 사장님은 내가 입학금이 없어서 신대원을 포기하려고 했을 때 입학금 전액을 내주시는, 그야말로 하나님께서는 내가 알 수 없을 때 이미 그 모든 후에 일어날 일들에 대하여 도움의 손길이 되어줄 사람들을 예비하고 계셨다.

인생의 풍랑은 그 풍랑의 문제에 있는 것이 아니다.
항상 함께하시는 주님을 보지 못하는 무지에 있다.

성실한 나를 눈여겨보시던 상무님은 절친한 친구가 대표로 있는 중소기업에 취업할 수 있도록 해주셨다. 그때는 몰랐다. 그 일이 내 인생의 판도를 뒤집어 놓는 일이 될 줄은, 물론 지금이야 그 모든 배후에는 하나님의 계획과 인도하심의 손길이었다고 고백할 수 있지만, 그것을 깨닫는 시간은 멀고도 험했다.

돈 벌어가며 학교 가고, 먹고사는 문제까지 스스로 해결해야 하는 생활이라 밥을 굶는 날도 많았고 교통비 아끼느라 웬만한 거리는 걸어서 다녀야 했다. 그것이 약이 되어 훗날 나는 사색하며 걷는 취미가 생겼고 그것을 오래도록 즐겼다. 퇴행성관절염이 생기기 얼마 전까지도 나는 기도하며 걷는 것을 즐겼었다. 나는 언젠가부터 산티아고 순례길을 걷는 것이 나의 버킷리스트 첫 번째라고 오래 생각하고 있었지만 나는 이제 그것을 이루지 못한 꿈으로만 남겼다.

오늘도 걷는다.

적당히 한적한 길에 들어섰다.

발걸음 하나에 주님!

발걸음 둘에 주님!

걸음걸음마다 삶의 무게를 내린다.

쓸데없는 잡다한 생각들을 지운다.

걸을 수만 있다면 설 수만 있다면

더 큰 복을 바라지 않겠습니다.

라고, 시작하는 찬양이 생각난다.

한 걸음 두 걸음

순례의 길을 멈추는 날

그 걸음 자리에는 꽃이 피었으면 좋겠다.

보시기에 아름다운 생명의 꽃이

걸음에 거름을 뿌리며

생명이 잉태된 가을을 걷는다.

교복을 벗고 3년의 세월이 지나고 있었다. 사복을 입고 회사
로 출근하는 내가 제법 성숙한 회사원의 모습으로 변해가고 있

었고 매월 적지 않은 월급봉투를 받으며 생활 형편도 좋아졌고 눈물의 빵을 먹던 창고 방에서도 탈출해 회사 근처에 아담한 방으로 이사도 했고 여러 가지로 나무랄 데 없는 시간을 보내고 있을 때였다.

어느 날 사장님이 날 찾으셨다. 중간에 과장님도 계시고 그 위에는 부장님도 계시고 나는 3년 차 말단 직원인데 사장님과 직접 면담은 흔한 일이 아니라서 두렵고 떨리는 마음으로 사장님 방으로 갔다.

이런저런 회사 일 이야기를 물으시는 것 같았으나 본론은 따로 있었다. 회사내 다른 부서에 과장으로 근무하는 사장님 처남이 있는데 그 처남을 나의 결혼 상대로 천천히 생각해 보라는 얘기가 나를 직접 부른 이유였다. 그러면서 내 앞에 거절할 수 없는 낚시 미끼를 던지셨다.

그 처남은 장차 회사에서 중요한 일을 맡아서 하게 될 것이고 결혼하면 여러 가지로 윤택해지고 처남이 막내라서 신경 써야 할 동생도 없고 부모님도 두 분 모두 일찍 돌아가셨기 때문에 부담도 없다고 하면서 이제부터 관심을 두고 생각해 보라는 것이었다. 그리고 또 한마디를 하셨는데 사장님과 절친이라며 나를 그 회사에 소개하신 실습하던 회사의 그 좋은 상무님께도 먼저 얘기를 했다는 것이다.

오랜 시간 고학하면서 가난한 것이 얼마나 고통스러운지를 뼈 저리게 체험했었고 어려서부터 혼자 산다는 것에 대한 깊은 외로움에 가슴이 저려오는 걸 느끼고 있었다. 퇴근 후에는 컴컴한 빈방에 들어가는 것이 싫어서 괜히 도심을 걸었고 명동에 있는 클래식 음악다방에서 많은 시간을 보내곤 했었다.

내게는 사장님의 제안을 거절할 아무런 이유가 없었다. 사장님 처남인 과장님은 내 이상형에 맞는 사람은 아니었으나 외모도 보기 나쁘지 않았고 성격도 싹싹하니 좋아 보였다. 그는 나보다 나이가 열 살이나 많은 사람이었다. 요즘은 남녀가 만나서 사랑 하고 결혼하는데 나이는 별 상관이 없다고 하지만 그때는 사람 들의 사고가 그렇지 않았었다.

그런데 오히려 나이 차이가 크면 더 많이 사랑받으며 살 것이 라는 착각에 빠졌었다. 그렇게 생각하는 배경에는 어쩌면 아버 지도 모르고 오빠들과도 함께 살아보지 못했고 남자를 사귀어볼 기회도 없었기 때문에 그런 아둔한 생각을 했는지도 모르겠다.

그는 회사에서 마주치면 호탕하게 웃으며 아는 척을 했다. 나는 그것도 인성이 좋아서 그런다고 생각했다. 우리 사이는 점점 가까워졌고 결혼을 향하여 일이 일사천리로 진행되어 갔다. 그런데 우리 집에서는 반대가 많았다. 어머니는 남자가 과묵해야지 너무 말이 많고 가볍다 하셨고, 오빠들은 내가 어려서 결혼할 때가 아직 아니라고 했고 나이 차이도 많다는 것이 반대의 이유였다. 나는 집에서 반대할수록 결혼을 빨리하고 싶어졌다. 어머니를 향해서는 '나를 낳기만 했지, 키워주기를 했나 공부시키기를 했나. 어차피 결혼자금도 내가 모아놓은 것으로 해야 하는데 어머니가 무슨 자격으로 반대하실 수 있느냐'는 반항심이 불일 듯 일어나고 있었다. 지금 생각하면 오기 충만한 불효막심한 딸이었다. 나는 너무나 나쁜 딸이었다.

훗날 하나님께 어머니의 문제로 창자가 찢어지듯 꺼이꺼이 울며 밤새 회개해야 했다. 그때는 이미 어머니께서 돌아가신 후였음에도 불구하고 하나님께서는 지났으나 회개하지 않은 일들을 기억나게 하시고 언젠가는 반드시 회개를 시키신다는 것을 깨닫게 하셨는데 그것은 나를 위한 것임도 알게 하셨다.

우리가 생각하기에 큰 죄든 작은 죄든 하나님께서 보시기에는 다 같은 죄라고 여기시기 때문에 하나님께서 원하시는 순도 100%의 성도가 되기에는 너무나 먼 길일지라도 날마다 십자가에서 죽고 부활하는 삶을 살아내야 한다는 것이다.

"그런즉 누구든지 그리스도 안에 있으면 새로운 피조물이라 이전 것은 지나갔으니 보라 새것이 되었도다"(고후 5:17)

이 말씀은 일회적인 말씀이 아니다. 날마다 예수 안에서 거듭남의 삶을 살아낼 때 정금 같은 성도가 되는 길로 조금씩 가까이 나아가게 된다는 것이다. 이 말씀을 신학교를 가려고 일본으로 떠나던 비행기 안에서 하나님의 음성으로 명확하게 들었었다. 또 그 후에는 일본에서 섬기던 교회 성전 벽에 표어처럼 붙여져 있었는데 기도 중에 그 글자 하나씩 도장으로 찍듯이 보여 주셨었다. 그 후로 이 말씀을 내 믿음의 여정에 길을 밝히는 등불로 삼았다.

결혼생활의
시작

결혼생활의 시작

나는 스물세 살에 결혼했다.

어린 시절부터 삶이 힘겨웠고 고학생으로 살아내느라 죽을 것 같았는데 졸업 후 중소기업에 취업해서 생활이 안정되고 이제 꽃길만 걸어가나 보다 하다가 남들이 부러워할 좋은 조건의 사람을 만나서 결혼하게 되니 더 행복하겠다 싶었다.

그러나 나의 인생은 그렇게 쉽게 평탄한 길이 펼쳐지지를 못했다. 사람들은 신혼생활이 꿈같이 달콤하고 행복하다고들 하던데 나에게 신혼생활은 날마다 남편의 술 냄새를 맡는 것부터 시작되었다. 그는 하루도 쉬지 않고 술에 취해서 퇴근했다. 회사 일로 거래처 사람들과 어쩔 수 없었다고 하면서, 다른 사람들은 아직도 술집에 있지만, 본인은 몰래 도망을 왔다고 하면서, 내가 물어보지 않아도 언제나 늘 한결같은 변명을 했다.

하루, 이틀, 사흘, 한 달, 두 달, 석 달. 술 먹고 들어오는 날이 이어지면서 알게 되었다. 술 먹는 것에 그치지 않고 주사까지 있다는 것을.

처음에는 미안하다 어쩔 수가 없었다가 점점 폭언으로 변해갔다. "밖에서 남자가 하는 일에 왈가왈부하지 마라.", "네가 아직 어려서 뭘 몰라서 그렇다."는 둥 하면서 나를 아내가 아니라 어린아이 취급을 하며 술이 다 깨도록 본인만의 일방적인 주장인 훈계는 계속 이어졌다.

거기에 내가 한 마디만 벙긋해도 물건이 마구잡이로 나를 향하여 날아왔다. 보통 두 시간 세 시간 쉴 사이 없이 막말 대잔치를 벌이곤 했다. 나는 대응해서 몇 번 소리를 내었다가 물건이 날아오고 손이 올라오는 경험을 하고부터는 입을 다물어 버렸다.

그냥 앉아서 막말이 끝나고 잠이 들 때까지 그 상황을 지켜보며 기다리는 일 외에는 내가 할 수 있는 일이 아무것도 없었다. 그런 밤이 지나고 다음 날이 되면 그는 전날 밤에 했던 행동들을 모르는 건지 아니면 모른 척을 하는 건지 아무 일도 없었던 듯 모르쇠로 일관했다. 나는 그러는 남편이 너무 무섭고 겁이 났다.

어머니와 오빠들의 반대를 무릅쓰고 행복하겠다고 한 결혼생활은 끝없는 나락으로 떨어져 가고 있었다.

어느 유명 강사가 강연 내용 중에 부모님의 이야기를 했다. 본인의 부모님은 많이 다투고 사셨는데 어머니께서 아버지와 못 살겠다 싶어서 헤어져야지 생각하던 중 덜컥 애가 생겨서 발목을 잡혔다고. 그래서 이 아이를 낳고 나면 어찌해야지 싶으면 또 덜컥 아이가 생겼다고, 그렇게 덜컥덜컥하면서 평생을 아버지와 어머니는 함께 살고 계신다고.

나 역시도 어쩔 수 없이 힘든 결혼생활을 마지못해 살아내면서 해가 바뀌고 첫아들을 낳았다. 그때까지 나는 친정 포함 아무에게도 남편이 그런 사람이라는 것을 말하지 못했었다. 좋은 조건의 남자를 만나서 결혼한다는 부러움의 대상이었기도 하고 집에서는 이래저래 반대하는 결혼을 우겨서 했으니 내가 그런 꼴로 살고 있다고 말하기도 싫었고 너무 자존심이 상했다.

남편의 주사와 잔소리는 아들의 양육 문제로 더 심해졌다. 갓난아이가 누워있는 옆에서도 담배를 피웠고 소리를 질렀다. 잠자던 아이가 놀라서 깨어 울면 아이를 왜 울리냐고 소리를 질렀다. 나는 점차 몸도 마음도 피폐해져 갔다.

　사실 내가 결혼을 서둘러서 빨리한 배경에는 작은 언니의 죽음도 일조했었다. 나는 고학하느라 눈코 뜰 사이 없이 바쁘게 살아갈 때이고 어머니와 언니도 먹고사는 일에 떠밀려 같은 서울 하늘 아래 있어도 가족들과 자주 만날 수가 없었다.

　작은 언니가 학교를 중퇴하고 공장에서 일하는 것을 보면서 나는 작은 언니를 많이 미워했었다. 바보 멍청이라고, 나보다 세 살이나 많은 언니를 언니라고 부르지도 않고 이름을 부르곤 했었다. 그랬던 작은 언니가 스물세 살에 세상을 떠들썩하게 한 화재사고로 죽었다. 많은 생명이 희생된 사고였다. 화재사고라서 시신도 거둘 수가 없었는데 가족 중에 나만 아는 타다가 남은 작은 언니의 스카프 한 조각을 내가 확인해야 했었다. 그 충격이 너무 컸다. 작은 언니는 공원묘지에 안장되었다. 그 후로 틈만 나면 그곳을 찾아가서 언니에게 용서를 빌었다. 언니 대접을 못한 것에 대한, 언니라고 부르지 않은 것에 대한 것 등을 꺼내놓고 미안하다고 울분을 토하곤 했다.

그때 나는 삶을 내려놨었다. 악착같이 돈 벌어가며 공부해서 무엇하려고 그 고생을 했나 싶고 더는 살아갈 용기가 없었다. 그러던 차에 상무님의 소개로 취업하게 되었고, 생활은 안정되었지만, 마음에는 늘 죽음을 생각하고 있었고 언니가 죽은 스물세 살이 되면 죽으리라 다짐하며 우울하게 지낼 때 결혼이라는 제안을 받게 되었고 새 삶을 살기에는 딱 좋은 결단이라고 판단했다. 작은 언니가 간 스물세 살에 죽겠다고 마음먹고 살다가 스물세 살에 결혼했는데, 그 결혼이 파라다이스로 향하는 길인지 알았건만 나는 출구 없는 어둠의 터널 속으로 스스로 걸어 들어가 갇히고 말았다.

지금 생각해 보면 우리 부부는 두 사람 모두 미성숙한 성인 아이였다. 서로가 가해자이고, 서로가 피해자이었던 것 같다.

나도 정상적인 가정에서 사랑받으며 성장하지 못했기 때문에 누구에게 사랑을 주는 방법도 모르고 받을 줄도 몰랐다. 남편도 고등학생일 때 수업 중에 연락받고 집으로 갔더니 이미 어머니가 심장마비로 돌아가신 후였다고 했다. 그는 어머니를 많이 그리워했다. 술에 취해 자다가도 엄마~ 엄마~ 하며 소리를 지르곤 했다. 결혼생활 내내 남편의 정신연령이 어머니가 돌아가시던 19세에 머물러 있다고 생각했었다.

아들이 태어나 백일을 지나고 있을 무렵 아이를 데리고 남편에게서 벗어나겠다고 결심을 하고 기회가 오기를 기다리다가 어느 날 실천에 옮기고 말았다. 오 남매 중 큰 오빠와 큰 언니는 내가 어릴 적에 결혼했기 때문에 나와는 깊은 유대관계가 형성되지는 못했었다. 내가 동생이라고 해도 늦은 막내다 보니 나이 차이가 컸고 나는 형제들이 어려웠다.

어머니는 작은 언니를 화재사고로 잃은 후에 서울 삶을 정리하고 결핵을 앓던 작은 오빠를 공기 좋은 치악산 언저리에 거처를 마련해 주고는 시골 여기저기로 보따리 장사를 하신 것으로 기억한다.

어머니는 나의 출산에 맞추어 우리 집에 오셨다가 잠깐 계시는 동안에 사위의 주사를 알게 되면서 매사에 똑소리 나던 막내 딸의 비참한 결혼생활을 눈치채셨다. 그렇지만 별말씀은 없으셨다. 그저 아이를 생각해서 참고 살아라 나이 들면 괜찮아질 거다. 그럴수록 신랑에게 더 잘해라 하시면서 나를 위해 어떤 해결

방안도 해주지 못하고 떠나셨다.

　나도 어머니의 그 말씀을 들을 생각도 그 말씀에 대꾸할 마음도 없었다. 어머니께서도 그렇게밖에는 할 수 없었을 것이라고 많은 시간이 지난 후에는 이해할 수 있었지만, 그때는 어머니의 심정을 헤아리기에는 내 마음의 용량이 너무 부족했었다. 내 앞에 닥쳐있는 넘어야 할 산이 너무 높아서 이타적인 생각을 도대체 아무것도 할 수가 없었다.

　남편으로부터의 도망을 생각하면서 아무리 머리를 짜내어도 이제 백일을 지난 아이를 데리고 갈 곳은 한 곳뿐이었다. 치악산에 있는 작은 오빠에게 가기로 마음먹었다. 작은오빠라면 나를 진흙탕 삶에서 건져줄 것이라는 생각이 들었다. 그때는 작은오빠가 환자라는 것이 내게 중요치 않았다. 오직 내 앞에 놓인 내 문제에만 눈이 열려있었으니 말이다. 작은오빠는 나 보다 아홉 살이 많았다. 내가 삼촌 댁에서 초등학교에 다니고 있을 때 가족 중 가장 많이 나를 만나러 온 사람이 작은오빠였다. 학용품도 사오고 내가 좋아하는 단팥빵도 사가지고 왔다. 나를 데리고 동강가 모래밭에 땅콩도 캐어 주고 고추잠자리도 잡아주고 어느 날 밤에는 오빠랑 깡통에 불을 넣고 돌리는 쥐불놀이도 했다.

오빠는 어린 내게 이 다음에 오빠가 대학교에도 보내줄 터이니 열심히 공부하라고 용기도 주었다. 그때 나는 오빠가 엄청 훌륭하고 멋있는 사람처럼 생각했다. 사실 오빠도 그때가 이십 대 초반의 나이였는데 어린 내게는 왜 그렇게 오빠가 커 보였는지, 아마도 이것은 어린이로 학교에 다닐 때는 엄청 크던 초등학교 운동장이 어른이 되어서 가보니 너무 협소했던 그것과 같은 원리라고 할 수 있지 않을까 싶다. 오빠는 그때 그렇게 한 번씩 동생인 나를 만나러 작은아버지 댁으로 왔다가 하루를 묵고는 꿈같이 떠나가곤 했었다.

남편에게 들킬까 봐 두려움에 쿵쾅거리는 가슴을 안고 간단한 짐 보따리를 들고 아이를 업고 어떻게 숨을 쉬며 달려갔는지 기차에 앉아서도 숨이 헐떡여지고 땀이 비 오듯 쏟아졌다. 공부하는 머리는 조금 있었으나 세상 이치에는 완전 맹탕이고 허당이었다. 고래고래 소리 지르는 남편에 맞서서 한 번도 대들지도 못하는 멍청이요 바보였다. 그것이 너무 속이 상했다.

작은오빠가 거처하는 곳에 도착하니 마침, 어머니도 함께 계셨다. 작은오빠는 많이 반가워했다. 조카를 한 번 안아볼 수 있어서 좋다고도 했다. 작은오빠는 내가 의사가 아니라도 병세가 깊음을 알 수 있을 만큼 상태가 좋지 않았다. 죽음을 향하여 걸음을 내딛고 있었다. 나는 아무런 말도 할 수가 없었다. 그저 작은오빠가 보고 싶고 아들을 보여주려고 왔다고 했다.

밤이 되자 작은오빠는 살려달라고 내 이름을 부르며 고통스러워했다. 그런 작은오빠를 어머니는 품에 안고 작은오빠의 앙상한 등만 두드리며 울고 계셨다. 어머니는 이미 작은오빠를 포기하시고 보낼 준비를 하고 계시는 듯했다. 나는 내 나이가 그때 어머니 연세쯤 되어서야 조금 알았다. 자식을 죽음으로 내주어야 하는 우리 어머니의 고통이 살려달라고 애원하는 작은오빠의 아픔보다 더 크셨을 거라는 것을. 우리 어머니도 여러 번 이야기하셨었다. 본인 살아온 얘기를 책에 담으면 열권도 넘는다고, 그만큼 살아오신 인생길이 험난했다는 이야기가 아니겠는가. 내가 자서전을 쓰면서 계속 어머니의 그 말씀이 내 가슴에 비수가 되어 찌른다.

이튿날 저승사자처럼 불쑥 찾아온 남편을 따라서 나는 집으로 돌아갈 수밖에 다른 방도가 없었다. 나의 가출 사건은 그렇게 우습게 막을 내리고 말았다. 그 후 며칠이 지나서 작은오빠는 하늘로 갔다. 그렇게 가출 사건 덕분에 한 번 더 작은오빠를 볼 수 있었다.

 칠십 여년을 살아오면서 가족들의 죽음의 순간들을 여러 번 봐야 했다.

 첫 번째는 아버지의 죽음이었는데, 내가 4살에 돌아가신 아버지에 관한 기억은 아무것도 없다. 그런데 장례식에서 돌아가신 아버지를 두세 분의 아저씨들이 염을 하시던 한 장면을 내 머리에 지금까지 저장하고 있다. 어린 내가 왜 그 장면을 보도록 나를 그 자리에 두었는지는 모르겠으나 그때는 그 장면이 너무 무서웠고 충격적이라 잊지를 못하고 머리에 그대로 저장이 된 듯하다. 그 당시는 모든 장례 절차가 집에서 진행되었고 꽃상여가 매장지로 가는 시대였다.

 스무 살에는 작은언니의 화재사고 현장을 봐야 했고, 백일 된 아들을 데리고 찾아간 치악산 언저리에서는 작은오빠의 살려달라는 절규를 들어야 했다.

 우리 가정은 대대로 부처를 믿는 가정이었다. 그런데 나는 4살부터 가족에게서 분리되어 성장해 오면서 매 순간순간 하나님의 손길이 나를 먹이시고 키우셨다고 믿음이 생긴 후로는 그냥 그렇게 믿어졌었다. 내가 하나님을 모를 때에도 이미 하나님께서는 내 편이시고 나의 보호자셨구나 하고 그냥 믿어졌다.

어머니는 84세에 병원에서 3개월 정도의 시한부 진단을 받으셨었다. 어머니를 우리 집으로 모시고 왔다. 내가 그때 날마다 새벽기도 가고 집에서는 말씀 보고 살 때라서 어머니는 나의 그런 모습을 보시며 스스로 감동하시어 큰 글자 성경을 사달라고 하셨다. 그리고 교회를 같이 가겠다고 하셨다. 그렇게 어머니는 예수님을 영접하시고 3개월 시한부라던 생명이 10년을 연장해 94세에 돌아가시기까지 내가 사다 드린 큰 글자 성경책을 보물처럼 생각하시고 읽고 또 읽으셨다.

어머니의 장례식은 우리 가정에서 처음으로 치루는 기독교식 장례였다. 숨이 떠나간 어머니의 얼굴은 살아있는 분처럼 이쁘고 고왔다. 나는 그 얼굴에 입을 맞추어 드렸다. 작은언니는 공장에서 일하며 동료와 함께 잠깐 교회를 오간 적이 있었다고 들었다. 큰오빠는 임종 전에 병상에서 내가 영접 기도를 해주었다. 어머니도 천국을 가셨고 남편도 천국으로 갔다고 나는 확실히 믿는다.

그러나 잠깐 교회 마당을 오갔다는 작은언니와 임종 전에 영접 기도를 해준 큰오빠는 나는 어디로 갔을지 모른다. 하나님의 소관이시기 때문에, 나는 가족들의 죽음을 여러 번 보면서 느꼈다. 마지막 가는 그 모습이 다르다는 것을....

인생 또 한 구비를 지난다.

벚꽃 비가 내린다.

꽃비를 맞는 길, 걸어가는 길, 이쁜 길

인생 굽이굽이마다 발자국이 새겨진다.

천국 문에 이르도록

굽이굽이 지나고 또 지나면

주님 손 내미신다. 천국으로 가자고

그날도 오늘처럼 예쁘게

벚꽃 비가 내렸으면 좋겠다.

마르투스

마르투스

시간은 또 지나갔다. 변함없이 비슷한 날들을 어찌어찌 살아내고 보니 한해가 지나고 나는 연년생으로 둘째 딸을 낳았다. 산후조리를 위해서 어머니가 오셨다. 나는 마음을 다잡았다. 그냥 그대로 살고 싶지는 않았다. 무언가 돌파구를 찾기로 했다.

어머니가 나의 산후조리를 해주시기 위하여 오셨지만, 작은오빠를 보낸 후로는 일정한 거처를 아직 정하지 않으셨기 때문에 연년생 아이들을 함께 돌봐 달라고 어머니를 붙잡았다. 어차피 사위가 술주정하는 사람이라는 것도 알고 계시니 어머니에게는 죄송했지만, 나에게는 힘이 되었다.

남편은 술이 깰 때까지 얘기를 들어줄 사람이 필요했다. 말없이 그저 앞에 앉아만 있으면 되었다. 듣는 척만 해주면 되었다.

물론 본인이 기분이 좋지 않게 퇴근한 날은 폭언이 동반되고 때로는 물건도 날았지만, 어머니와 나는 그 사람의 습관적인 술주정에 어느 정도 단련이 되어가고 있었고 요령도 생겼다.

세월이 지난 후에야 깨닫게 되었다. 초반에 남편의 술버릇을 바로잡지 못하고 받아들여 준 것이 날이 가면서 더 세고 그리고 더 길게 그리고 더 폭력적으로 키워가고 있었다는 것을. 그러나 이미 때는 늦었다. 더욱이 어머니와 나는 태생이 소리 지르고 싸우는 일에는 겁을 내는 것이 똑 닮아 있었다. 죽자고 떠드는 사람을 맞대응 할 담력도 용기도 없었다. 어머니와 나는 침묵하고 참는 것에 외에 방법이 없었다.

나와 어머니는 연년생인 두 아이를 보살피느라 육아에 바빠서 점점 남편이 그러거나 말거나 무시하게 되었다. 그야말로 날마다 혼자서 원맨쇼를 하다가 외출복을 갈아입지도 않고 소파에서 잠들곤 했다. 나는 언젠가부터 그것 또한 상관하지 않을 정도로 무뎌졌다. 그러던 남편은 대체로 새벽에 술이 깨면 일어나 옷을 갈아입는 듯했다. 그러고는 이튿날 아침에는 어제 무슨 일이 있었냐는 듯 모르쇠로 일관했다. 이후 어머니와 나도 다시 그 때 일들을 입 밖으로 내서 상기시키고 싶지도 않아서 봉인해 버렸다. 어머니는 아마도 그때 마음으로는 어린 딸을 보듬고 키워주시지 못하고 고학으로 고생시켰다는 딸에 대한 측은지심으로 사위의 그런 말도 안 되는 횡포를 견디시지 않았을까 생각을 하니 가슴이 아팠다. 후에 그 일 또한 하나님께 회개를 올려 드려야 했었다.

어머니가 아이들을 봐주시면서 의류 디자인 공부를 시작했다. 그때 내 마음속에 큰 그림을 그리고 있었기 때문이었다. 경제적으로 독립을 하고 때가 되면 남편과 헤어지려고 마음먹었다. 나는 무엇이든 시작하면 열심히 최선을 다하는 사람이다. 더구나 나의 미래가 달렸다 생각하니 더 열심을 냈다.

그림에도 소질이 있었고 패션 감각도 좋았다. 의류 디자인이 적성에 맞았다. 그 당시 패션의 메카인 명동에서 디자이너로 일한 경험을 바탕삼아 기성복 시장에 발을 들이게 되었다.

1980년대를 지나면서 맞춤옷이 사라져가고 기성복 시대가 열렸기 때문이다. 그 무렵 남대문 시장에 기성복을 만들어 새벽 시간에 오픈해서 판매하고 오전이면 문을 닫는 시스템의 대형 상가들이 줄줄이 문을 열었고 의상실을 하던 많은 디자이너들이 기성복 붐을 타고 그쪽으로 터전을 옮기게 되었다. 나도 지인과 함께 그 기회를 얻고 그 대열에 합류했다.

어린 나이에 고학하느라 이것저것 하면서 돈을 벌어봤고 졸업해서는 회사원으로 근무도 했지만, 돈에 대하여 잇속이 밝은 사람은 태생부터가 아니었다. 그런데다가 나는 천상 A형 기질인 내향적인 사람이었다. 그런 내가 우리나라 최대의 시장인 남대문 시장 상인이 되었으니 정말 기적 같은 일이었다. 단지 시작은 남편에게서 벗어나기 위하여 경제력을 가지려고 의류 디자인을 공부했는데, 디자이너로 일하는 것에 그치지 않고 시장으로 진출하여 옷을 대량으로 만들어 전국 각지에서 소매로 장사하시는 분들에게 도매로 판매하는 자리에 앉았으니 내 삶의 판이 커져도 너무 커진 것이다.

그 시기에 내 인생에는 대변혁의 사건이 일어났었다.

내가 알기도 전에 이미 내 삶에 깊숙이 찾아오셔서 나를 이렇게 저렇게 이 모양 저 모양으로 때로는 품에 안으시고 어린 나를 업으시고 먹이시고 키우신 보이지 않던 그 손길의 존재가 하나님이시라는 것을 드러내기 시작하셨다. 하나님의 때가 되니 집중적으로 사방에서 내게 전도했다. 그래도 내가 교회 가기를 미루고 있었는데 나를 날마다 찾아와 전도의 폭격을 하시던 의류업계의 장로님 부부가 주일에 우리 집으로 찾아와 주차장에 차를 대고 내려올 때까지 기다리시겠단다. 교회 간다는 것에 부정적이던 남편도 주차장에서 내려오도록 기다리시겠다는 사람 앞에서는 할 수 없이 다녀오라고 허락 아닌 허락을 했다. 장로님이 운전하시고 권사님은 조수석에 앉으시고 나는 뒷자리에 앉았다. 차 안에는 찬양이 흐르고 있었다.

죄 짐 맡은 우리 구주 어찌 좋은 친군지
걱정 근심 무거운 짐 우리 주께 맡기세
주께 고함 없는 고로 복을 받지 못하네
사람들이 어찌하여 아뢸 줄을 모를까
시험 걱정 모든 괴롬 없는 사람 누군가
부질없이 낙심 말고 기도드려 아뢰세
이런 진실하신 친구 찾아볼 수 있을까
우리 약함 아시오니 어찌 아니 아뢸까

근심 걱정 무거운 짐 아니진 자 누군가

피난처는 우리 예수 주께 기도 드리세

세상 친구 멸시하고 너를 조롱하여도

예수 품에 안기어서 참된 위로 받겠네.

아멘.

눈물이 주체할 수 없이 흘렀다. 이 찬양은 고등학생일 때 그림자처럼 예배당 뒷자리에 앉아서 들었던 찬양이었다. 또 내가 도적같이 예배를 드리고 다니던 시기에 내가 맨날 이 찬양을 흥얼거리는 것을 친구가 알고서 "잘한다."고 하면서 본인이 다니는 교회 학생부에 전도사님께 이야기했더니 그 전도사님께서 "그 친구를 데리고 와서 그 찬양 한번 부르라."고 하라고 했다는 것이다. 나는 그때 무슨 용기였는지 친구가 다니는 교회 학생부 예배에 참석해서 이 찬양을 앞에 나가서 불렀다. 지금 생각하면 어이가 없는 일이었다. 아마도 그 전도사님은 친구를 통해서 내가 시원찮게 교회를 나가고 있다고 들었을 테고 하여 나를 그 교회로 인도하려는 속내가 아니었을까 싶다.

장로님 차는 교회에 당도했고 권사님 안내로 성전 앞자리에 앉았다. 이미 내 안에 계신 우리 주님은 그날 예배를 통하여 나를 더 이상 세상에 버려두지 않으시기로 작정하신 분 같이 완전히 나를 그 못 자국난 손으로 꽉 붙들어 매셨다. 할렐루야!

그렇게 나는 세상 가운데로 어느 날 뚝 떨어진 외톨이인 양 의지할 곳 없고 내 편은 아무도 없는 듯한 외롭고 쓸쓸한 인생에서 하나님이라는 보호자가 생겼고, 침묵하며 마음속 깊이에다 꾹꾹 담아두었던 속내를 언제고 마음 편히 고할 수 있는 내 편이 생겼다. 그 후부터 지금까지 나는 날마다 어디서든 격식 없이 주님을 만나는 시간을 소중하게 여기고 즐긴다. 때로는 아버지시고 또 때로는 친구 같으시기도 하다. 어떤 고난이 와도 하나님께서 나를 하나님의 사람으로 빚어가시는 훈련의 시간이라고 믿어졌고 그 크고 작은 과정들을 40년을 하나씩 통과하며 걸어왔다. 이제 나이가 들면서 그 훈련도 끝나가고 이제는 천국에 들어가기 위한 성화 과정에 마음을 쏟고 있다.

내가 시장에 진출 후에 디자인해서 만들어진 옷에는 '마르투스 (martus)'라는 상표를 달고 판매를 했다. 또 그 상표에는 작은 글씨의 영문으로 '주님 당신의 나라가 세세토록 확장되어 모든 세계로 하여금 영원한 평화의 아침을 보게 하소서'라고 새겨 넣었다. 이 문장은 지금은 기억에 없지만 어떤 영문 시집에서 내용이 좋고 간결해서 지은이의 허락도 없이 사용한 것인데 그 지은이께서도 용서하실 거라 믿는다.

'마르투스'는 그 뜻이 하나님의 증인이며 또 순교자라는 뜻인 것을 많은 그리스도인들은 알 것이다. 그때 '마르투스'를 상표로 지어주신 분은 나의 절친이신 전도사님이셨는데, 지금 그분은 목사님이시고 몽골에 선교사로 나가신지 10년이 훌쩍 넘도록 그곳에 뿌리를 내리고 사역에 충성하고 계신다.

우리 나라 기성복 시장의 최고 전성기의 호황에 편승하여 '마르투스' 사업장은 승승장구했다. 매장을 여러 곳으로 확장하며 점점 번창했다. 그러나 나는 삶의 우선순위가 오직 하나님께 있었다. 하나님께서는 내 삶을 한 가지씩 철저하게 훈련시키시며 하나님의 사람으로 만들어 가셨다. 나는 그것을 감사로, 은혜로 기쁘게 따르며 즐기기까지 했다.

사업이 정신없이 바빠지면서 유행에 뒤지지 않는 더 좋은 옷을 만들어 내려고 패션의 선진국인 유럽으로 나가서 섬유박람회도 돌아보고 패션쇼도 참석하면서 해외 출장도 잦아졌다. 일본에도

'마르투스'의 옷을 가져다가 많이 소비하는 고객이 있어서 사업상 자주 갔었다. 훗날 사업상이라지만 해외여행을 많이 경험한 덕분에 혼자 빈털터리로 일본에 가서 신학을 하게 되었을 때도 두렵지 않았던 것 같다.

남편의 술버릇은 여전했지만, 워낙 돈을 좋아하는 사람인지라 내가 한 번씩 목돈을 가져다주면서 입막음했다. 그것이 나중에는 버릇처럼 되어서 남편의 술주정은 내게 돈을 받아내는 무기가 되고 말았다. 갈수록 돈을 자주 상납해야 하는 빌미를 나 스스로가 만들어 버린 것이다. 훗날 이것이 내 발목을 잡아 넘어뜨리는 사건으로 발전되었다.

사업은 날로 번창했고 물질도 어느 정도 쌓았으니 사춘기가 된 성장하는 아이들을 더는 아빠의 술주정 안에 내버려 둘 수가 없었다. 생각 끝에 아이들을 캐나다 밴쿠버로 유학을 보내게 되었다. 그 당시엔 캐나다가 미국보다 안전했고 밴쿠버는 세계에서 살기 좋은 도시로 첫째라고 꼽혔기 때문에, 나의 속내에는 나중에 남편과 헤어지면 아이들과 함께 그곳에서 살아도 좋겠다는 생각이 내포되어 있었다. 그때 밴쿠버는 한국 사람들이 선호하는 이민지였다.

밴쿠버에서 새로운 삶을 시작한 아이들을 방문하러 갔다가 아이들이 출석하던 밴쿠버 교회에서 목회하시던 조영택 목사님을 만나게 되었다. 늘 인자하게 웃으시는 할아버지 목사님이셨다. 조 목사님은 한국에 잠시 다니러 오셨다가 우리 '마르투스' 매장으로 나를 보러 오신 적도 있었다. 그때 '마르투스' 상표를 보시면서 "집사님은 앞으로 상표 이름값을 하셔야 할 겁니다."라고 하시면서 하나님께서 나를 그 자리에 오래 두시지 않을 거라는 말씀을 하시고 가셨다. 그날 그 말씀을 들으며 나는 뭔지 모르지만, 가슴이 뛰는 경험을 했다.

조 목사님은 장석교회에서 16년을 목회하시고 캐나다로 오셨다는 이야기는 밴쿠버에서 뵈었을 때 들었었는데, 그분이 6.25 때 순교하신 조석훈 목사님의 후손이시고 집안에 많은 분이 목회자들이고 자녀들도 모두 목회한다는 것은 조 목사님께서 소천하신 후에 알았다. 우리가 많이 애창하는 '하나님의 은혜'의 작사를 조 목사님의 넷째 따님이신 조은아님이 하셨고 그 따님은 선교사로, 교수로 활동했다고 한다.

하나님의 은혜

나를 지으신 이가 하나님

나를 부르신 이가 하나님

나를 보내신 이도 하나님

나의 나 된 것은 다 하나님 은혜라

나의 달려갈 길 다 가도록

나의 마지막 호흡 다 하도록

나로 그 십자가 품게 하시니

나의 나 된 것은 다 하나님 은혜라

한량없는 은혜 갚을 길 없는 은혜

내 삶을 에워싸는 하나님의 은혜

나 주저함 없이 그 땅을 밟음도

나를 붙드시는 하나님의 은혜

조 목사님을 밴쿠버에서 처음 뵈었을 때 참 좋은 분이라고 느
꼈다. 우리 아이들이 그 목사님 그늘에서 믿음 생활을 잘한다면
마음이 놓인다고 생각했었다. 그런데 소천하시고 그분에 관한
많은 이야기를 접하면서 내가 정말 훌륭하신 목사님을 만났었구

나 하고 감사한 마음이 들었다. 지나온 날들을 돌이켜 생각하면 가족이 아닌 사람들로부터 굽이굽이마다 적재적소에 기다리고 있었던 것처럼 도움의 손길이 많이 있었다.

나의 도움이 어디서 올까
천지를 지으신 여호와에게서로다

어려움의 상황들을 벗어나 '후유'하고 숨을 돌리고 뒤를 보면 늘 하나님의 흔적들을 발견하게 된다. 하나님은 사람을 통하여 계획하신 일을 이루어 가신다.

의류 사업을 시작하고 수년의 시간이 지나면서 경제적으로도 여유가 생겼고 아이들도 집에 없으니 변함없이 여전한 남편의 술주정은 돈으로 입막음하면서 적당히 참아주고 웬만한 소리에는 긍정도 부정도 아닌 침묵으로 일관하고 하면서 인간학에 대한 궁금증이 생기기 시작했다.

내 남편이기 전에 한 인간으로서는 참 측은하기도 하고 왜 저러고 살까 싶기도 하고 취중 말고 멀쩡할 때는 자신에 대한 반성이나 후회 같은 것은 전혀 하지 않는 걸까 싶기도 하고....

그즈음 나 자신 스스로도 삶에 대한 회의감이 들기 시작했었다. 나는 왜 이러고 살고 있는가, 남편에게서 벗어나려고 경제권을 갖고자 디자인 공부를 한 것이 바탕이 되어 그리 길지 않은 시간에 내 계획보다 더 큰 부를 이루었는데 나는 왜 아직도 남편의 술 냄새, 담배 냄새를 맡으며 술주정을 받아주고 있는가.... 남편이 내가 아닌 다른 사람과 결혼했다면 남편의 삶이 지금보다 괜찮았을까.... 다른 가정들은 겉으로 보이는 대로 행복해서 사는 걸까.

사실 우리 부부도 살면서 할 수 없이 동반해서 참석해야 하는 모임들이 많이 있었다. 남편은 그런 장소에서는 우리는 행복한 부부요 세상에 없는 다정다감한 남편이 된다. 그런 남편을 보면서 친구 아내들은 자기들의 남편은 무뚝뚝 하다고 부러워하고, 남편의 친구들은 자기들의 아내보다 많이 어린 나를 보면서 부러워했다. 그렇게 모임을 하고 귀가하면 술 먹기에 급급해서 옷도 갈아입지 않고 술을 먹기 시작한 남편은 취기가 오르면 나를 닦달하기 시작했다. 거기서 왜 그런 말을 하냐 그 친구의 농담은 왜 받아주냐, 누구한테는 왜 그렇게 친절하게 대하냐 등등.... 본인 눈에 좋은 대로 해석해서 꼬투리를 잡고 끝도 없이 폭언했다. 그 후에 그런 모임에는 혼자 가라고 하면, 누굴 바보로 만드냐고 난리를 쳤다. 나는 후에 알았다. 대체로 알코올 중독증과 의처증이 동반하게 된다는 것을, 남편의 증세는 점점 더 깊은 어둠의 세상으로 빠져들고 있었다.

아이들을 타국으로 보내 놓고 마음이 늘 노심초사했지만 남편은 아이들의 아빠라고 해도 내가 아이들의 문제들을 마음 놓고 의논할 수 있는 사람이 아니었다. 매사를 부정적으로만 생각하고 말하기 때문에 소통 자체를 할 수가 없었다. 그러다 보니 하나님께 기도로 매달릴 수밖에 없었다. 나의 믿음도 시나브로 자라갔다.

내 남편이기 전에 천지를 창조하신 하나님께서 만드신 피조물이요 하나의 인간이라는 것을 생각하게 되었다. 무언가 이론으로 인간을 알아보자 그리고 남편을 고쳐 봐야지 생각하게 되었다. 그때는 나의 믿음이 딱 고만큼 이었다.

인간에 대해 궁금해진 나는 심리상담학과에 등록하고 공부를 시작했다. 경제적 여유도 있고 매장에는 충성하는 직원들이 있으니 공부할 시간은 충분했다. 나는 공부 머리는 좀 있는 편이었는데 고학하느라 성적이 바닥에서 놀다가 졸업했기 때문에 늘 아쉬웠는데, 상담 공부가 적성에도 맞았고 재미있었다. 열심히 했다.

지크문트 프로이트의 정신분석학을 공부하고, 카를 구스타프 융에 대하여 공부하고 사람의 성향을 9가지로 분류해서 그 성격 유형 이론을 공부하고 그에 따른 에니어그램 강사 자격증까지 덤으로 받았다.

처음에는 나는 이런 유형의 사람이구나 남편은 이런 유형이구나 하고 알아가면서 공부가 흥미롭기도 하고 재미도 있었고 또 알고 나니 유익함도 많았지만, 그것이 근본적으로 나의 궁금증을 해결하지는 못했다. 어려운 공부로 머리만 지끈지끈 아팠다. 지금은 그 머리 아프게 했던 공부의 내용이 하나도 머릿속에 남아 있지도 않다. 그래도 그때 잠깐은 칼 융에 대하여 좀 더 깊이 알고 싶다고 생각했었다.

그 후 많은 시간이 지나서 믿음이 자라고, 성경 말씀이 눈에서 가슴으로 들어오고, 기도가 깊어지면서 사람을 변화시키는 것은, 이론도 방법론도 아니라는 것을 깨달았다. 물론 좋은 공부, 훌륭한 학문의 이론은 폭넓은 사람으로 성장시키는 유익함은 많다. 그러나 근본적으로 우리 인간의 깊숙한 내면에서 올라오는 죄로 인한 문제들은 우리 인간을 만드신 하나님만이 그 문제를 정확하게 아시기 때문에 주님 안에서 거듭남으로 인해 변화에 이룰 수 있다는 것을 알게 된 것이다.

심리상담 공부를 하면서 남편을 바라보는 시선은 좀 달라지긴 했다. 그 사람의 자라온 환경에서 생긴 마음의 상처들이 치유되지 못하였고, 나 역시도 상처가 많은 사람이라 서로가 피해자요 가해자라는 것을 알게 되었다.

따라서 내 기도의 내용도 바뀌었다. 보이는 것들에 대하여 필요를 채우는 기도가 주였다면 보이지 않는 마음, 남편과 나의 상처 회복을 위하여 내면 깊숙이 자리 잡고 있는 오래 묵은 곪아터진 것들을 긁어 내주시고 그 자리에 성령의 충만으로 채우셔서 생수의 강이 흘러넘치게 하시라고 기도하기 시작한 것이다.

좋은 인격에 풍부한 학식까지 있으면 훌륭하다.
그런데, 성령으로 거듭난 삶을 살아내는 사람이면 최고이다.

교회에서 사역할 때 성도님들의 신앙을 상담해 드리면서 늘 안타까움이 있었다. 성도님들의 상담 내용은 주로 부부 문제가 많았다. 성도님들은 본인의 문제를 이야기하고는 당장에 시원한 정답을 원하는 사람이 다수이다. 그러나 나는 그저 말없이 들어주고 공감해 주고 그를 위하여 손잡고 간절히 기도해 줄 뿐이다. 그러면서 '성도들의 삶은 하나님의 주권 아래 있으니 기도하면서 하나님께서 인도하시는 대로 참고 인내하며 기다려 봅시다. 때가 되면 하나님께서 일하십니다. 저도 열심히 중보기도 하겠습니다.'라고 마무리를 하게 된다.

'상처 입은 치유자'라는 말을 좋아한다. 이것은 헨리 나우엔이 쓴 책 제목이기도 하다. 나의 삶은 죽을 것처럼 힘들었던 시간이 많았다. 그러나 지나오고 보니 내가 삶으로 겪은 고난의 시간이 오히려 내담자들에게는 역동성 있는 산 증인이 되어 줄 수 있었다.

우리는 이론적으로 알았던 로고스의 성경 말씀이 내가 그 말씀대로 살아내고 나서야 레마의 말씀이 되어 그 말씀이 살아서 역사하는 생명이 됨을 안다.

'길에게 길을 묻다.'라는 멋진 말이 있다.

답은 바로 그것이다.

흔들리는 인생의 풍랑을 잠재워줄 답은 '길이요 진리요 생명이 신' 예수그리스도의 길에 서는 것뿐이다. 그와 함께 걷는 것이 정답인 것이다.

신앙 상담자가 할 수 있는 일은 내담자가 그 길에 설 수 있도록 방향을 제시하고 이정표가 되어줄 뿐이다. 어떤 이들은 금새 방향을 잡고 걸어가지만, 어떤 이들은 제자리를 오래 돌고 또 도는 것을 보게 된다. 시간차는 있으나 모두를 품에 안으시고 함께 걸어주실 주님을 나는 전적으로 믿고 신뢰한다.

어쩌다 내가 고난의 길을 걸어올 때 함께 마음을 모아주었던 믿음의 선배들을 생각하게 된다. 그분들은 그때 흔들리며 걷는 나로 인해 얼마나 마음이 답답하고 아팠을까....

오늘도 나는 걷는다. 우리 주님과 손을 잡고서, 길에게 길을 물으며 따라오는 가슴 아픈 믿음의 후배들을 위하여 시온의 대로로 향하는 후미진 골목길마다 흐릿한 이정표라도 되기를 간절히 바라며 발자국을 꾹꾹 남긴다.

나무처럼 늘 한 곳에 서서

기다려 주고 그늘이 되어 주고

그리 살고 싶다. 나무처럼

삶에 지친 자들이 잠시 쉬어가도록

품을 내어주고 싶다. 주님의 사랑으로

가랑비에 옷 젖는다고 했던가. 언젠가부터 남편도 교회 마당을 밟기 시작했다. 가죽 커버의 제법 비싼 성경책을 선물해 줬다. '사랑하는 남편에게'라고 앞장에 정성껏 써서.... 그 속에는 제발 그런 날이 왔으면 좋겠다고 하는 마음이 내포되어 있었다.

남편은 주일이 되면 일찍부터 면도하고 내가 다려서 걸어 놓은 와이셔츠를 본인이 다시 다림질해서 입고 넥타이를 고르고 골라 매고 옷매무새를 다독거리며 최고로 단정하게 양복을 입고 가죽 성경을 옆구리에 끼고 나를 앞서 교회로 향하곤 했다. 나는 그럴 때마다 속으로 웃음이 났다. '전날 당신이 한 일을 나도 알고 하나님도 아신다. 그렇게 빼입는다고 어제 한 일이 없어지냐? 하하하'

남편의 외모는 샤프한 편이다. 더구나 양복 입은 모습은 꽤 괜찮아 보인다. 남편은 밖에서는 특히 교회에서는 엄청 좋은 얼굴로 나를 챙기기도 한다. 누구라도 우리를 보면 다정해 보이고 사랑하는 부부의 모습이었으리라. 그중에서도 아직 반쪽이 교회에 나오지 않고 혼자인 교인들에게는 아마 부러움의 대상이기도 했으리라. 나도 혼자 다닐 때는 부부가 함께 신앙생활 하는 분들을 보면 부럽기도 했었다. 그러나 묵은 교인들은 알 것이다. 부부의 믿음이 같지는 않다는 것을, 보이는 것은 가식일 수가 많다는 것을, 가족이 함께 신앙생활을 한다고 해도 그 마음이 하나가 아니라는 것을, 다수의 부부는 동상이몽인 것을, 물론 이와 반대로 행복하게 신앙생활을 하는 가정도 많이 있다.

하나님은 남편과 아내가 서로에게 부족한 부분들을 채워주며 하나가 되어 살아가라고 돕는 배필을 주시지 않았는가, 이 원리를 모든 부부가 빨리 깨닫지 못하는 데 문제가 있다. 나도 이론으로만 알던 이 원리가 삶으로 깨달아지기까지는 너무 오랜 시간이 필요했고 믿음으로 그 대가를 많이 치러야 했다. 그래서 하나님은 가정들의 회복을 위하여 부부를 연단하시고 인내와 오래 참음으로 하나님의 때를 순종함으로 기다리라고 하신다.

기성세대들은 이 원리를 깨달아서도 있겠지만 이혼이라는 낙

오자가 되기 싫어서도 억지로라도 인내하고 살다 보면 끝이 아름다워지는 가정도 많았다. 그러나 현시대의 젊은 부부들은 참고 인내하는 것은 미련한 일이라고 생각하는 경우가 많다.

하나님의 때를 기다린다는 것은 무능한 사람인 양 본인 생각으로 판단하고 결단하기 때문에, 하나님께서 일하실 시간을 사람들의 조급함으로 드리지 못하는 경우가 많은 듯하여 먼저 그 길을 걸어온 사람으로 안타깝기도 하다.

하나님을 신뢰하는 만큼
맡겨드릴 수 있고
하나님께 맡겨드린 만큼
기적을 체험할 수 있다.

남편은 목사님이 잘 보이는 중간 앞쯤 자리를 좋아했다. 예배당에 도착해서 앉으면 고개를 숙이고 한참 눈을 감고 있었다. 그 모습은 거룩하게 보이기까지 했다. 그냥 그렇게 남들이 다 하니까 그러는 것인지, 정말 기도를 하는 것인지, 전날 밤에 했던 술주정에 대하여 회개라도 하는 것인지, 그 속은 사람은 누구도 알 수는 없다. 우리의 중심을 간파하시는 하나님께서는 아셨겠지만, 찬송도 제법 열심히 부르고 본문 말씀도 찾아서 읽고 설교 시간에는 졸기도 했지만 그래도 듣는 것은 알 수 있었다. 왜냐하면, 집에 돌아오면 그 말씀으로 나를 정죄하고 판단하고 목사님을 평가하고 하면서 본인은 모든 것을 통달한 사람처럼 행동하기 때문이다.

그가 예수 믿기를 오래도록 기도하고 바랐으면서도 막상 함께 교회를 다니면서는 불편한 점이 한두 가지가 아니었다. 어쩌다 남편이 주일을 못 지키게 되어 나 혼자 교회에 갈 때면 너무 편하고 홀가분했다. 나는 위선자의 성향을 다분히 가지고 있었다.

결혼과 동시에 헤어질 결심으로 아이들을 유학 보내고 나는 경제력을 갖기 위해 디자인 공부해서 의류 사업도 번창했고 나의 신앙생활을 핍박하던 남편이 교회를 같이 가게 되었고 그럼에도, 여전히 술타령에서 벗어나지 못하는 남편이 인간적으로 측은해지기까지 하면서 나의 믿음이 깊어지기 시작하니 '이혼은 해결책이 아니다.'라고 생각을 고쳐먹기도 하면서, 그렇게 그런대로 그 삶에 살아가던 그즈음 남편의 술 먹는 습관이 점점 심상

치가 않았고 폭주하는 날이 많고 그에 따라 주사도 도를 넘어서는 날이 많아지고 있었다.

 어느 날 태풍같이 밀어닥친 큰 사건에 직면하게 되었다. 이 사건은 남편을 보내고 난 후 요양원에서 근무할 때 더욱 자세히 이해할 수 있었다. 구순을 넘으신 할머니가 계셨는데 그분은 우리 나라가 일제강점기를 거치고 6.25를 지나는 어렵고 가난한 시절에도 부유한 집안에서 자라 대학교까지 졸업하신 그 시대의 신식 여성이셨다고 본인 스스로 자랑을 하신다. 사실 실제로도 교양이 있으시고 언어 사용이 누가 봐도 유식하시다고 평하는 할머니셨다. 그 할머니는 치매로 요양원에서 생활하고 계셨는데, 낮에는 보통 할머니 권사님들같이 이타적인 마음도 많으시고 소녀같이 웃으시고 하면서 잘 지내시다가 저녁만 되면 돌발행동을 하셨다. 5분 단위로 똑같은 얘기를 처음처럼 계속하고 또 하신다. 고장난 테이프 돌아가는 것처럼, 그 소리를 들어주는 척하다가 방으로 들어가 주무시라고 하면 알았다고 들어가셔서 본인의 옷장에 있는 옷을 꺼내어 보따리를 싸고 풀고를 반복하고 계신다. 석양 증후군 또는 일몰 증후군이라는 것인데 치매를 앓고 있는 사람들이 낮에는 그런대로 평온하다가 해가 저물어가면 정신적인 불안증으로 돌발행동을 하게 된다는 것이다. 오래 근무하신 요양보호사 선생님들 얘기로는 요 정도의 치매는 이쁜 치매라고들 한다. 폭력적으로 변하는 사람도 많다고 하면서....

치매를 앓던 그 할머니의 석양 증후군처럼 남편은 해가 지고 어둑해지기 시작하면 불안해하는 것이 보였다. 괜히 집안을 서성거리며 오락가락했다. 부엌에 싱크대 문도 열었다 닫았다 하고 무언가 찾는 사람처럼 눈에서 광기가 돌기 시작한다. 그러다 결국에는 술병으로 손이 가곤 했다. 그런데 그날은 그 정도가 심했다. 끝도 없이 술을 마셨다. 그 당시 집에는 남편이 사다가 숨겨 놓은 소주병이 여기저기 있었는데 나는 그것을 다 알지만 내버릴 용기도 없었고 본인이 불리한 입장이 되면 고래고래 폭언으로 먼저 시작하기 때문에 모른 척할 수밖에 없었다. 술이 술을 먹는다고 한다. 정도가 넘게 취하고 나면 그다음부터는 먹는 사람의 의지와 상관없이 그냥 계속 마시게 된다는 것이다.

그날은 시작부터 아주 작정한 사람처럼 집 안에 있는 술병들을 다 찾아서 먹는 것 같았다. 점점 목소리 톤이 높아지고 강도 높은 술주정이 시작되고 있었다. 급기야 술잔이 나를 향하여 날아오고 안주 접시가 탁자 위에 깔아 놓은 유리와 부딪쳐서 그릇도 유리도 산산조각이 났다. 그 시대는 왜 탁자 위에 다 유리를 깔아 놓는 것이 정석이었었는지....

그곳에 있다가는 남편의 손에 죽을 수도 있겠구나 싶은 생각이 들었다. 남편이 비틀거리며 술을 찾으러 주방으로 들어가는 순간 자동차 키와 지갑을 들고 아수라장이 된 그 집 대문을 나왔다.

그 후 그 대문 안으로 수 년을 발을 들이지 않았다. 그 집은 과천에서 꽤 살기가 좋은 숲이 아름다운 동네의 단독주택이었는데 후에 그 집이 꼴도 보기 싫어서 매매했다. 지금도 가끔 아이들과 그때 일들을 회상할 때면 지금은 그 지역 시세가 얼마라더라 하면서 웃곤 한다.

그렇게 남편과의 별거 생활이 시작되었다. 그 당시는 전혀 생각하지도 못했고 상상으로도 알 수 없었지만, 하나님께서는 우리 가정을 통하여 이루실 일들을 큰 그림을 그려놓으시고 그 계획하심을 따라서 그 그림의 퍼즐을 맞춰가듯이 나를, 우리 가정을 인도해 가셨다는 것을 수년이 지나서야 깨달았다. 할렐루야!!

그때 기왕에 이렇게 되었으니, 이혼을 생각했다. 그러나 자기 주장이 강하고 상대의 이야기를 전혀 듣지도, 고려하지도 않는 남편과는 타협이 되지 않았다. 부부가 한쪽에서 헤어져 줄 마음이 없을 때는 법정 싸움이 끝도 없이 진행되고 상황에 따라 아이들까지 증언대에 세워야 할 수도 있다는 변호사의 조언을 듣고서 이혼을 포기하고 남편을 피해서 숨어서 지낼 수밖에 없게 되었다.

훗날 그때를 돌이켜 볼 때 그 일 또한 하나님께서 나의 삶을 적극적으로 개입하시고 인도해가셨음을 고백할 수밖에 없다. 요양원에서 섬겼던 할머니를 뵈면서 사람이 늙는다는 것은 참 쓸쓸한 일이라는 생각이 들었다. 잘살고 못살고 많이 배우고 적게 배우고 못났고 이쁘고 이런 인간들의 관심사가 늙음 앞에는 다 필요가 없는데 인간들은 그것들로부터 자유롭기가 쉽지 않으니 말이다. 어쩌면 내가 늙어서 그런 상황이 온다면 자식들 앞에서 엄마의 그런 험한 꼴을 보이느니 요양원에서 남의 손에 도움을 받는 것이 낫겠다 싶은 생각도 들었다. 그저 예수 이름으로 나를 하나님께 의탁하는 기도 외에는 내가 믿고 의지할 것은 없다는 것을 새삼 깨닫는 계기가 되었다.

집에서 나온 그 날부터 내 삶의 패턴이 완전히 바뀌게 되었다. 먼저는 남편의 눈을 피하려니 사업장에 출근할 수 없었다. 남편이 수시로 사업장에 나타나서 직원들을 닦달했다. 내가 사는 곳이 어디냐고 하면서, 남편의 별의별 감언이설에도 직원들은 끝까지 나를 지켜주었다. 남편은 사업장 길목을 지키고 내가 나타나기를 기다리고 있는 것 같다고 직원들이 전해줬다. 나는 출근을 못 하고 전화로 지시하고 직원을 밖에서 만나서 모든 운영 사항을 전달받게 되었다. 그 시간이 길어지면서 서서히 사업장의 매출이 하락하고 있었다. 나도 정신이 집중되지 않으니 새로운 디자인의 감각이 떨어져 갔다.

그런데 놀라운 일은 이미 나에게는 보이지 않는 큰 손에 붙들리어 그 손이 이끄시는 대로 삶이 새롭게 진행되어 가고 있었다는 것이다.

언젠가부터 나의 기도가 보이는 것을 구함에서 보이지 않는 내면의 변화를 위하여 간구하고 있었음에 신실하신 주님은 그 기도에 응답을 위하여 나를 그 손에 전적으로 맡길 수 있는 믿음의 사람으로 훈련을 시작하신 것이다.

급하게 계획도 없이 집을 나오게 되었지만, 모든 것이 예정되어 있었던 일처럼 숙이가 섬기고 있던 교회에서 예배드리게 되었고 교회 지척에 집도 마련을 했다. 사업장으로 출근을 못 하게 되었으니 여유 시간도 많아졌고 또 어디에서 남편을 만나게 될지 두려워서 집에만 있는 날이 많아졌다.

날마다 걸어서 새벽기도를 다니기 시작했다. 이때부터 이사 할 때마다 새벽기도를 걸어서 갈 수 있는 예배당 근처에 거처를 마련한다. 나의 기도 시간이 점차 늘어나게 되면서 깊은 기도로 주님을 만나는 기쁨을 누리게 되었다.

두려움의 마음이 담대함으로 변해갔다.

머리로만 알았던 말씀들이 내 가슴으로 들어왔다.

십자가 구원에 대한 확신과 예수님이 나의 구세주로 믿어졌고 내 안에서 평안으로 자리를 잡았다. 출근을 못 하니 시간의 여유가 생겼다. 광화문 교보문고를 드나들면서 경건 서적을 읽기 시작했다. 날마다 교보문고로 출근 아닌 출근을 했다. '마르투스'에서 일하는 직원과 교보문고에서 만나서 그날의 보고를 들고 매출금을 확인하곤 했다. 교보문고가 나의 간이 사무실이 되었다. 그때는 남편의 눈을 피하기에는 교보문고가 안성맞춤이었다. 그러면서 경건 서적을 구간 신간 웬만한 것은 다 구입해서 읽어나갔다.

숙이가 섬기던 교회는 대학교 캠퍼스 안에 있었기 때문에 집과 가까운 후문으로 들어가 예배당이 있는 정문까지 아름다운 길을 날마다 걸어서 오가면서 사시사철 변하는 나무와 꽃을 바라보며 자연으로 역사하시는 주님을 만났다. 고학생 시절에 대학을 진학하고 싶었지만 그러지 못하고 마음으로 늘 대학교 캠퍼스를 동경했었는데, 늦었지만 마음껏 그 분위기를 느끼며 캠퍼스를 걸을 수 있게 된 것이다.

우리 하나님은 그런 세밀한 부분까지도 자상하게 생각하시고 채워주시는 분이시다. 그러나 또 우리 믿음의 진보를 위해서는 단호하시고 거룩한 두려움으로 우리를 강하게 훈련하시는 양면성이 분명하신 분이시다.

날마다 그분의 임재 안에서 기쁘고 감사가 저절로 우러나왔다. 크리스마스가 다가오면 사탕이랑 초콜릿과 과자를 담은 봉지를 만들어 새벽기도 시간에 아무도 모르게 일찍 가서 모두가 가져갈 수 있도록 입구에 놓아두기도 했다. 별것도 아닌데 봉지를 들고 기뻐하시는 성도님들을 뵈면 내 마음이 날아갈 듯 좋았다.

송구영신 예배를 드리는 밤에는 외부에서 예배당으로 오르는 10개의 계단 양쪽에 유리병에 담은 촛불을 밝혔었다. 너무나 아름다웠다. 자정이 가까운 시간에 한 해를 마무리하고 새해를 맞이하는 예배를 드리러 예배당 계단을 오르시는 성도님들이 탄성을 질렀다. 나는 누가 시키지도 않은 일을 또 전무후무한 일들을 솔선수범 드러내지 않고 하면서 하나님 사랑하는 마음을 그렇게 표현했다.

그때 나의 사업장은 점점 무너져 내리고 있었지만, 마음은 하나님 주시는 기쁨으로 날개 달은 새 모양 하늘을 붕붕 날고 있었다.

그렇게 대학교회에서 3년 가까이 기도하고 말씀 보고 경건 서적 읽으며 세상과는 단절한 사람처럼 주님의 손에 의해 거룩한 경건의 훈련을 했다. 그리고 나는 대학교회에서 일생일대의 하나님 주시는 큰 축복을 받았다. 장차 내 사랑하는 딸의 짝이 될 귀한 하나님의 사람을 만난 것이다. 그는 아동부 전도사로 사역하고 있었는데 어느 날 그 전도사님을 나의 사윗감으로 하나님께서 내 마음 안으로 밀어 넣어주셨다.

그 무렵 나를 따라서 새벽기도도 열심히 하고 교사로도 봉사하며 믿음을 키워가고 있던 딸은 사모가 되고 싶지 않다고 했었지만, 하나님께서 이미 둘을 짝지어주시려고 작정하신바 되었으니 누가 어길 수 있으리오.

현재 사위는 한 교회의 담임목사로 충실하게 사역을 감당하고 있고, 사모가 되고 싶지 않다던 딸은 천상 사모로 남편을 잘 도우며 교회를 사랑으로 섬기고 있다. 딸네는 남매를 두었는데, 큰아이는 신학교 재학 중에 이제 며칠 후면 입대를 하게 되었고, 작은 아이는 오빠랑 같은 신학교 입학 예정이다.

사위는 내가 험난한 믿음의 길을 걸어올 때 든든한 버팀목이 되어주었다. 사위는 하나님께서 우리 가정을 새롭게 하시려고 주신 선물이요 내 믿음의 여정에 없어서는 안 될 귀한 동역자이다. 내 인생에 은혜요 감사이다.

그 당시 대학교회에서 나의 믿음 성장의 길에 큰 역할을 해주셨던 목사님은 현재 대구에서 담임목회를 하고 계시다. 그 목사님 옆에는 늘 환하게 웃어주시던 미소가 아름다운 사모님도 계셨다. 두 분이 오래도록 행복한 목회를 하시기를 손 모아 기원드린다.

하나님께서 나와 우리 가정을 위하여 계획하신 일들을 세밀하게 간섭하시며 이끌고 가시는 것을 보면 근시안인 나는 처음에는 도대체 아무것도 볼 수도 알 수도 없지만, 시간이 지나고 큰 그림에 퍼즐을 맞추듯이 하나씩 하나씩 칸이 메꿔지고 그림이 눈에 보이가 시작하면 그때서야 무릎을 치며 '아하!' 이래서 그러셨구나 하고 부족한 나의 뒤늦은 깨달음에 용서와 감사를 올리곤 한다.

하나님께서는 필요를 위하여 각각 사람의 성향과 환경에 따라 우리를 연단하실 때 큰 일, 작은 일, 어려운 일, 쉬운 일, 나쁜 일, 좋은 일 등등 셀 수도 없이 많은 이 모든 세상에서 환경으로 벌어지는 일들을 겉과 안처럼 양면을 다 사용하시면서 쓰실만한 그릇으로 우리를 빚어가신다. 그런데 나를 비우고 온전히 주님 손에 맡겼을 때는 그 훈련의 시간이 단축될 것이고 내 속에 내가 너무 많아서 나를 주님 손에 맡기지 못할 때는 주님께서는 기다리실 수밖에 없으시니, 그 연단의 시간은 길어지고 다음 진도로 나가지 못하고 제자리걸음을 하게 되는 것 같다.

집을 나와 남편을 피해서 숨어지내면서 사업장 관리도 소홀해지고 승승장구하던 사업장의 매출은 점점 하락세를 기록하는 상황 속에서도 그 덕분에 기도하고 말씀 보고 유익한 책 읽고 나의 속사람은 날로 새로워져 가고 있었다. 다음 퍼즐을 무엇으로 맞춰가게 될까 기대하며 날마다 기쁨으로 캠퍼스를 걸어서 예배당으로 갔었다.

내가 믿음으로 속사람이 강건해지는 은혜를 누리는 동안에 사업은 끝도 없이 나락으로 떨어지고 있었다. 집을 나와서 사업장에 출근할 수 없었던 그때부터 얼마 지나지 않아서 매출이 현저하게 하락하고 있었지만, 그 전에 비축해 둔 자금이 있었기에 근근히 버텨오다가 점차 비축 자금도 바닥이 나고 마이너스를 향해 가고 있었다.

특단의 조치로 매장을 하나씩 줄여갔다. 그러다 보니 오래 함께 애쓴 직원들도 한 사람씩 내보내야 하는 것도 마음이 아팠다.

한번 무너지기 시작하니 그 속도가 걷잡을 수 없이 빠르게 진행되어 갔다. 그러면서도 나는 다음 퍼즐을 맞추기 위한 하나님의 인도하심이라는 것을 믿게 되었다. 왜냐하면, 신학교를 가라는 부르심의 사건들이 그동안 여러 번 있었고 사업장이 바쁘게 돌아갈 때는 내가 그 부르심을 신중하게 받아드릴 마음도 없었고 믿음도 부족했었다. 그런데 3년 가까이 믿음의 훈련을 하고 나니 사업장이 정리만 된다면 신학교도 가겠다는 결심이 서게 된 것이다.

사업을 정리하는 쪽으로 결단하고 대차대조표를 확인해 보니 매장을 정리하고 받을 돈들을 다 끌어서 합쳐도 1억에 가까운 돈이 있어야 거래처 등 주변 정리를 다 할 수가 있었다. 매출이 상승곡선을 그릴 때는 1억은 큰 금액은 아니었으나 내리막길을 달리고 있으니, 사업장을 붙들고 있으면 계속해서 손실이 늘어나는 것은 자명한 일이었다.

이러지도 저러지도 못하고 하나님께 매달려 기도만 하고 있던 어느 날 오래전부터 우리 사업장을 위해 늘 기도하시며 권면과 조언으로 그동안 힘을 주시던 목사님께서 만나자고 기별하셨다.

목사님께서 내 기도를 하시던 중에 하나님께서 사업장을 정리하고 일본으로 가서 신학교를 가라고 하셨다는 것이다. 이미 하나님께서 일본에다 다 준비해 놓으셨으니, 몸만 떠나라고 하셨다. 그 소리가 놀랄 일도 아니었다.

신학교 문제는 이미 여러 번 들었던 이야기이고 일본은 사업상 많이 가봤던 나라여서 익숙한 곳이었기 때문이다. 일본에는 마르투스 옷을 제법 많이 소비하는 거래처가 있었다.

남편 없는 일본에서 신학교 졸업하고 그곳에서 사역하며 살겠다 싶으니 자유롭다는 생각이 들면서 오히려 잘됐다는 생각이 들었다. 그러나 하나님 아버지께서는 나와는 전혀 다른 계획을 하시고 계심을 그때는 몰랐다.

사업장이 정리되면 일본으로 가겠다고 결단하고, 사업장 정리를 위해서 기도하면서도 가까운 사람들에게조차 이야기하지 않고 묵묵히 나름의 정리를 해나갔다. 그렇게 기도한 지 한 달쯤 시간이 지나가던 어느 날이었다.

결혼하기 전 다니던 회사에서 친분이 있었던 사람의 대소사에 참석하게 되었다. 나의 결혼식 때도 오셨던 분이라 사업장 정리

문제로 마음이 편치는 않았지만 불참할 수가 없어서 갔었다. 그곳에서 결혼하고 사는 것이 편치 않으니 연락도 못 드리고 잊은 듯 살았는데 정말 오랜만에 고학생일 때 쓰러졌던 나를 살리시고, 앞으로는 여자도 운전해야 한다면서 운전면허증을 취득하라고 권면하시고, 중소기업에 취업시켜 주시고 여러 가지 앞서 가시던 그분의 일들로 인해 회사 직원들이 즐거워했고, 문화충격을 받기도 했던 그 상무님을 그곳에서 만나게 된 것이다. 그날 친분이 있었던 대소사의 주인공과 같은 회사에 계셨으니.... 우리는 지나간 이야기들을 좀 나누기로 하고 자리를 옮겨 차를 마시며 마주 앉았다.

너무 세월이 많이 지났다는 것이 뵙는 순간 느껴졌다. 늘 소년 같으셨던 그분의 머리에 하얀 서리가 내려앉아 있었다. 마주 보며 한참을 웃었다. 그분 눈에는 나도 많이 변해서가 아닐까. 우리는 시간 가는 줄 모르고 이런저런 이야기를 나누면서 그때는 나의 관심사가 예수님이었으니 자연스럽게 믿음 이야기도 하고 사업장 이야기도 하고 하면서 사업장을 정리하면 신학교를 가려고 한다는 이야기도 했다.

상무님은 본인 친구의 처남이었던 내 남편이 술을 먹고 그렇게 주사가 있는 줄 몰랐는데 친구에게 얘기 들었다고 하시면서 힘들어서 그동안 어찌 살았냐고 안타까워하셨다. 그러면서 신학을 해서 세상사 잊고 하나님 일만 하면서 마음이 평안해지면 좋겠다고 하셨다. 그분의 가까운 가족이 목회자라는 얘기를 그 자리에서 처음 들었다.

시종일관 화기애애하게 대화하며 지난 추억들을 기억나는 대로 회상하기도 하면서 반갑고 행복한 시간을 보내고 아쉬움을 남기고 일어서는데, 통장 번호를 적어달라고 하신다. 내가 머뭇거리며 "네?"했더니 "너 고생하고 살았으니 내가 위로차 용돈 좀 주려구 그런다."고 하시면서 수첩과 펜을 내미신다. "아닙니다." 했더니 "내 성의를 무시하면 내 서운하다."하시면서 "내 쬐끔 보내줄 테니 부담갖지 말라."하시기에 감사함을 표하고 번호를 적어드리고 언제 또 뵙게 되는지 모르는 아쉬운 작별을 했다.

그 후 사나흘이 지났을까 내 통장에는 상무님의 성함으로 거액이 입금되었다. 사업장 정리에 필요한 1억이 들어온 것이다. 이 기적 같은 일이 나는 우리 하나님의 작품이라고 믿어졌다. 하나님께서 우리 가정과 나를 위해 세우신 계획의 큰 그림에 딱 맞는 퍼즐 한 조각이 또 맞춰지는 순간이었다.

상무님과는 언젠가부터 연락이 끊어졌다. 직접 뵙는 것은 통장 번호를 적어드릴 때가 마지막이었으나 통화도 하고 문자도 주고 받았었다. 그런데 십 년이 넘도록 그마저도 안되었다. 고령이시라 어쩌면 하늘로 돌아가셨는지도 모른다. 수소문하면 소식을 들을 수 있겠지만 나는 그렇게 하지 않는다. 끝맺음의 소식이 뭐가 그렇게 중요하겠는가 아직은 내가 그분이 베풀어주신 은혜를 잊지 않고 있다는 것이 중요하지....

해가 바뀌거나 계절이 바뀌면 생각이 나서 답도 없고 문자를 보았다는 표시도 없는 메시지를 또 보낸다. 어느 날은 수신 불가하다는 통신사 메시지가 떴으나 이 여름이 가고 가을이 오면 그분께 안부를 전하는 메시지를 또 보내드릴 것이다.

하나님을 따르는 삶은 기품이 있다.

하나님의 계획대로 사는 삶은 멋이 있다.

하나님과 동행하는 삶은 너머를 보는 눈이 열린다.

하나님을 아는 인생엔 더 이상 구함이 필요치 않다.

일본, 고후, 가와사키

일본, 고후, 가와사키

추위가 깊을 대로 깊어져 춘삼월이 기다려지는 2월에 드디어 일본 나리타행 비행기에 몸을 실었다. 불혹을 넘어 지천명에 가까운 나이에 믿음 하나로 하나님의 뜻을 따른다지만 도대체 아무런 준비도 돈도 없이 타국으로 향하는 비행기를 타고 앉았으니 나 스스로 생각해도 참 한심하기가 짝이 없었다.

나리타행 비행기 안내 멘트가 이륙을 알렸다.

타타타타타~~~다다다다다다~~~~~위이잉~ 비행기가 날 아올랐다. 그 육중한 몸무게를 들어서 어떻게 공중으로 부양하는지 과학적인 지식이 전무한 나로서는 비행기를 탈 때마다 늘 무섭기도하고 신기하기도 했다. 이륙한 비행기가 고도를 맞추려고 계속 오르고 있는데 어지러워 눈을 감고 있던 내게 한 소리가 들려왔다. 마치 천둥소리같이 우렁찬 소리가 귓전을 때렸다.

"그런즉 누구든지 그리스도 안에 있으면 새로운 피조물이라 이전 것은 지나갔으니 보라 새것이 되었도다"(고후 5:17)

그 순간, 지나간 나의 삶들이 주마등같이 지나가며 눈물이 빗물처럼 끝도 없이 쏟아져 내렸다. 한참을 그러고 있다가 옆에 앉은 사람이 의식되어서 정신을 차려 보니 벌써 나리타공항 도착을 알리는 방송이 나오고 있었다.

나리타 공항에는 아들이 마중을 나온다고 했다. 아들은 밴쿠버에서 졸업하고 군 복무 마치고 일본에서 공부하고 있었는데 그 공부가 끝나고 귀국을 앞두고 있었다.

아들에게는 전후 사정을 내가 말하지 않았기 때문에 아무것도 모르고 있었다. 살아오면서 아들은 엄마가 하는 일은 믿고 따라주는 친구 같은 아들이었다. 그런데 갑자기 엄마가 일본에서 살겠다고 온다고 하니 공항 입국장에서 엄마가 입국장 문으로 나타나기를 기다리며 여러 가지 생각을 했을 것이다. 그러나 아들은 이미 한국에 동생과 통화를 했는지 별 얘기 없이 일단 내가 잠깐 기거할 집까지 동행하기로 했다.

사업을 정리하고 나니 주머니에 남은 돈은 50만 원 정도가 전부였다. 비행기표는 모여있는 마일리지로 샀다. 하나님께서 '모든 것은 일본에 준비되어 있으니, 몸만 떠나서 신학교를 가라' 하신 말씀을 100% 믿기에는 너무 큰 사건이었다. 그러나 믿을 수밖에 없었고 또 믿고 싶었던 명목이 확실하게 두 가지가 있었다. 첫째는 남편과 멀리 떨어진다는 것이 나에게는 가장 중요한 찬스였고 둘은 사업장 정리를 했으니, 마음이 자유롭고 편했다. 그리고 나는 어린 시절부터 혼자 살면서 다져진 삶 속에서 터득한 긍정의 강단이 있었다. 어디서든 무엇을 하든 잘 살 수 있다는….

그곳은 후지산이 멀리 바라다보이는 '고후'라는 지방이었는데 한국으로 비교한다면 대전쯤이라고 했다. '고후'에는 나의 지인이 살고 있었다. 처음 내가 디자인 공부를 하고 맞춤집에서 디자이너로 일할 때 만나서 함께 일했던 사람인데 일본인과 결혼하여 그곳에서 음식점을 하고 있다고 했다. 공항에서 '고후'로 가는 직행버스로 갈아타고 세 시간쯤이나 간 것 같다. '고후'에 도착해 시내에서 무지마켓을 들렸다. 아들은 엄마가 필요한 생필품들을 용케도 잘도 알아서 이것저것 고른다. 그때 아들이 사준 물건 중 두세 개는 한국에 돌아와서까지 아들의 마음인 듯해서 버리지 못하고 오래 가지고 있었다.

　나를 지인의 집까지 데려다주고 아들은 동경으로 갔다. 그 먼 곳에 엄마를 두고 떠나는 아들의 마음은 얼마나 참담했을까 생각하니 내 마음이 아렸다. 떠나는 아들의 뒷모습을 바라보며 기도했다. '주님 저 아들을 위로하시고 늘 저 아들과 동행하여 주십시오.'

　아들은 지금 현명하고 지혜로운 아내를 만나서 딸 하나를 낳아 세 식구가 알콩달콩 잘살고 있고, 손녀는 일찍부터 가야금을 배우고 있어서 국악 관련 학교로 입학이 결정되어있다. 훌륭한 국악인이 되도록 할미인 나는 응원할 것이다. 그 무엇보다도 아들네가 하나님 보시기에 아름다운 믿음 지키며 예수님 닮고 따르는 삶을 살아내기를 엄마로서 날마다 기도한다.

'고후'에 사는 지인은 집에서 가까운 한인교회를 섬기시는 권사님이셨다. 그곳에서 두 주를 지내는 동안 그 한인교회로 새벽 기도를 갔다. 낮에도 가서 기도하고 밤에도 가서 기도했다. 타국에서 내가 믿고 의지할 대상은 아무 것도 없었다. 오직 나를 그곳까지 보내시며 다 준비하셨다는 그 약속을 붙들고 기도할 수밖에 없었다.

우리 생각으로는 그저 스쳐 가는 일이지만 우리 주님은 그 스쳐 가는 작은 일을 통하여서도 주님이 하실 일을 이루시는 분이다. 그 한인교회는 여러 가지 문제가 있었던 듯하다. 담임하시는 목사님은 목회가 힘드셔서 지치신 것 같았다. 그동안 누구에게도 말할 수 없었던 마음에 있는 이야기들을 나에게 하소연처럼 말씀하셨다. 아마도 내가 본교회 성도가 아니고 떠나갈 사람이니 마음 놓고 그러실 수 있으셨겠지만, 의도하심도 있었다. 소수의 한국인 성도님 중에서 목사님을 가장 힘들게 하시는 분이 나를 그곳에 잠시 묵어갈 수 있게 해준 나의 지인 권사님이라는 얘기였다.

내가 그곳에 도착해 밤이고 낮이고 기도하는 것을 보시고 믿고 얘기를 하신다고 하면서, 그 권사님께 친구이니 좋은 권면을 많이 해주고 가라고 하면서.... 나는 그 얘기를 들은 후에는 내 코도 석 자이지만, 그 교회의 평안을 위하여 기도하고 목사님 사역에 담대함을 주십사 기도하고 목사님의 기도가 회복되시기를 기도했다. 그리고 나의 지인 권사님을 위해서는 남을 본인보다 낮게 여기는 겸손함과 그의 믿음의 진보를 위하여 기도했다. 그곳을 위해 기도하러 간 사람처럼 오로지 그 교회를 위하여 주님께서 생각나게 하시는 대로 간절히 부르짖어 기도했다. 목사님은 내가 떠나올 때 주소와 연락처를 주시며 신학교를 가게 되면 꼭 한 번 다시 들려 달라고 신신당부를 하셨지만, 그 후 나는 그곳에 갈 일은 없었다. 또 목사님께서 부탁하신 권사님에게 권면해 달라는 말씀도 나는 들어드리지 못했다. 그저 나는 기도만 하면 하나님께서 일하셨으리라 믿고 그곳을 떠나왔다.

중보기도는 남을 위해 자기의 이기심을 버리고 시간을 투자하고 안타까운 심정과 사랑의 마음으로 기도하는 것이다. 중보기도는 상대방에게 줄 수 있는 최고의 사랑이다. "네 이웃을 네 몸처럼 사랑하라."는 말씀을 실천하는 첫 번째 행동이다.

'고후'에서 지낸 지 두 주쯤 지나던 어느 저녁에 문득 한 사람이 생각이 났다. 사업장에서 친분을 쌓았던 사람이고 나와는 동년배라 친구처럼 지내다가 일본인과 결혼해서 동경으로 떠나갔던 사람이 떠오른 것이다. 그렇지만 오래 연락을 주고받지 않았던 터라 반신반의하며 전화했다.

수년 만에 하는 통화인데도 엄청 반갑다며 그 친구 특유의 텐션 높은 목소리가 유쾌하게 들렸다. 나더러 일본에 출장 왔냐고 묻기에 나는 대충 자초지종을 얘기했다. 그랬더니 자신의 주소를 알려주면서 당장 그리로 오라고 그런다. 내가 그 친구에게 어떻게 지내고 있느냐 물었더니 순복음신학교 4학년 졸업반이라고 하는 그의 소리가 귓전을 때리듯이 윙윙거리며 들렸다.

하나님의 계획을 따라서 한 걸음씩 찾아가는 길이 두려움도 있지만 주님께서 인도해 가시며 보여주시는 이정표들을 대할 때마다 가슴을 설레게 하고 놀랍기도 했다. 또 다음에 보여주실 이정표가 궁금하기도 했다.

이튿날 바로 '고후'를 떠나서 어제 통화한 친구가 알려준 대로 주소를 들고 찾아서 가와사키라는 도시로 갔다. 가와사키는 도쿄에서 요코하마로 가는 중간쯤에 있는 도시다. 공업 도시라 그런지 다운타운이 제법 활기차 보였다. 한국인들도 많이 살고 있다고 했다. 역에는 대형 쇼핑몰도 연결되어 있어서 생활하기엔 편리했다. 앞으로 나의 인생에 큰 흔적으로 남을 교회는 역에서 도보 15분 정도의 거리에 있었다.

그 친구의 일본인 남편은 일하느라 다른 지역에 있고 중학생 아들 하나를 데리고 소형 아파트에 살고 있었다. 친구 집에 처음 방문 당시는 집이 너무 협소해서 친구가 형편이 몹시 어려운가 생각했었다. 그러나 며칠 지나지 않아 알게 되었다. 일본 사람들은 중산층이라고 해도 대체로 아파트 평수가 작은 집에 살고 있다는 것을, 그 친구 집에서 일주일 동안 신세를 지면서 앞으로 어떻게 해야 할지를 함께 이야기하며 그 친구의 지혜로운 의견들에 나는 전적으로 동의를 했다.

첫째는, 교회에서 유학생들을 위하여 임대 관리 운영하는 게스트룸의 빈자리가 있으면 보증금 없이 저렴한 월세로 얻을 수 있는데 먼저 관리자에게 신청하면 담임목사님께서 보시고 성실한 자라고 판단이 들면 허락하신다고 했다.

둘째는, 친구가 다니는 순복음신학교에 입학을 하기로 했다.

셋째는, 공부하면서 저녁에 할 수 있는 일자리를 친구가 알아

봐 준다고 했다.

친구와 머리를 맞대고 앉아 그 친구의 의견으로 모든 계획이 세워졌다. 그러면서도 나는 내 수중에 돈이 50만 원밖에 없어서 입학금이 없다는 이야기를 친구에게는 차마 하지 못했다.

그러나 나는 하나님께서 모든 것을 준비하셨으니, 일본으로 몸만 떠나서 신학교를 가라고 하신 말씀이 이렇게 하나씩 이루어지고 있으니, 걱정보다는 하실 일을 기대하며 기도했다. 학교에 입학하기 위한 모든 절차의 시간이 원서 접수부터 시작해 보름쯤 남았다고 했다.

그 친구가 섬기는 교회로 친구와 함께 처음 금요 철야예배에 참석을 했다.

교회에는 출석 교인 수가 150명쯤 된다고 했다. 그중에는 일본인과 결혼한 여자 성도님들, 유학 와서 한국 청년끼리 만나 결혼해서 일본에 정착한 젊은 가정들, 현 유학생들, 일본에 와서 혼자되신 여자 어르신들, 일본인들, 등등 젊은 부부들이 있으니 아이들도 꽤 보이는 듯했다. 그 정도 성도 수는 일본에서는 규모가 있는 편이라고 했다. 예배당은 4층 건물이었는데 1층은 임대를 주었고 그 임대료는 교회 살림에 보탠다고 했다. 2층부터는 층마다 본당과 식당과 사무실 등 짜임새 있게 만들어져 있었다.

성전에 들어서니 성도님들이 반갑게 맞아주신다. 아마도 친구가 나에 대하여 이미 이야기를 했구나 생각하면서 목례로 인사를 나누고 뒷자리에 앉아 눈을 감았다. 앞으로는 낯선 이곳에서 하나님만 믿고 바라며 살아가야 한다 생각하니 떠나올 때 후련했던 마음은 간데없고 내 신세가 처량하구나 싶었다. 그렇지만 나는 어려서부터 어떤 환경에서도 살아남은 멘탈이 강한 사람 아니던가 주먹을 꽉 쥐었다.

찬양이 시작되었다.

악기 팀에는 건반과 기타, 드럼이 있었고 찬양 인도자를 중심으로 양쪽에 싱어들이 세 명씩 있었다. 한국어와 일본어 찬양을 섞어서 불렀다. 일본어를 모르는 나는 아는 찬양이면 한국어로 부르며 그 흐름을 따라갔다. 찬양 시간이 계속 이어지면서 이미 성전 안은 은혜의 물결로 일렁였다. 모든 성도가 자리에서 일어나 하늘을 향하여 두 손을 들었다. 그런데 더 놀라운 것은 담임목사님께서 앞줄에 성도들 틈에 서서 손을 들고 찬양을 하고 계셨다. 한국에서는 목격할 수 없었던 풍경이었다. 나중에 들은 얘기지만 담임목사님은 금요성령집회를 위해서 전날부터 금식하신다고 했다. 30여 분의 찬양이 끝나고 목사님이 단에 오르셔서 말씀이 시작되었다.

목사님의 목소리는 흔히 기도 많이 하셔서 허스키 보이스가 되면서 갈라지는 그런 소리를 내신다. 말씀의 내용은 오직 성경 말씀만으로 청중들이 시간 가는 줄 모르고 집중하며 듣는 1시간여가 금방 지나갔다. 물론 그것은 내 기준이고 다른 성도님들은 매일 그렇게 예배를 드리셨다면 당연한 것으로 받아들이며 지루한 분도 있지 않았을까는 모르겠다. 그러나 나는 그날 예배에서 약간의 신선한 충격과 은혜가 함께 있었다.

믿음 생활을 처음부터 통합 측 장로교에서 했기 때문에 약간의 다른 부분들로 인해서 어색하기도 했지만 오래지 않아서 그 분위기에 젖어 들어갔다. 그러면서 오히려 더 은혜가 되는 부분도 많았다. 특히 마음껏 방언으로 기도할 수 있다는 것이 너무 좋았다.

처음 믿음 생활 시작하고 3개월여 지날 무렵에 방언을 받았었다. 그러나 기도원이 아니면 소리 내어 방언기도 한다는 것이 사실 한국에서는 어려웠었다. 성도들이 대체로 조용조용 기도하는 장로교에서는 큰 소리 내는 것이 눈치가 보여서 기도원을 자주 다니곤 했었다. 물론 장로교라고 모든 교회가 다 그렇지는 않다. 내가 처음 다니던 교회도 담임목사님께서 성령을 강조하시던 분이셨고 그 교회에서 3개월 된 초신자임에도 통성기도 시간에 방언을 받았던 것이다. 조용하다는 것은 방언하는 성도님들이 많이 없기 때문이라는 생각이 든다.

그런데 이국땅에 와서 기도원이 아닌 교회 성전에서 기도의 소리가 마음껏 터졌다. 목사님 말씀이 끝나고 기도 시간이 되면서 담임목사님을 비롯해서 온 성도가 '주여' 삼창을 외치고 방언으로 하는 우렁찬 기도 소리에 성전이 진동하는 듯했다.

목사님은 앞에서부터 한 사람씩 모든 성도에게 머리에 손을 얹고 기도를 해주셨다. 본 교회 성도들 기도가 모두 끝나고 마지막으로 내 뒤에 서셨다. 처음 방문한 사람이라 그러신지 머리에 손을 얹지 않으시고 어깨 등 쪽에다 손을 가볍게 올리시고 다른 성도들 기도하실 때보다 조금 나직한 소리로 기도를 시작하셨다. "아버지, 이 딸을 긍휼히 여기시고 위로하여 주십시오."라고 하시는데 나는 그때부터 속에서 그동안 눌려있던 답답함들이 다 빠져나오는 것 같이 울음이 폭발했다. 목사님은 내 울음이 그치도록 내 어깨에서 손을 거두지 않으시고 잠잠히 기다리셨다. 그 손자국은 내 등에 며칠을 지워지지 않고 불에 데인 것처럼 벌겋게 남았었다. 주님의 손이었다.

목사님과의 첫 대면은 그렇게 강렬했다. 그 후 목사님은 한 번도 '내게 한국에서 어떻게 왔느냐'라던가 가족에 대한 것도 일절 묻지 않으셨다. 그러면서도 게스트룸에 살 수 있도록 관리자를 통해 전달받게 해주셨고, 신학교 입학서류 중에 출석하는 교회 담임목사님이 추천서를 써주셔야 했고, 신원을 증명해 줘야 했는데 그것 또한 별말씀 없이 서류에 사인을 해주셨다.

늦은 나이에 한국도 아니고 일본에서 "신학교를 가라 다 준비해 두었다. 몸만 빨리 떠나라"는 보이지 않는 주님의 말씀만 믿고서, 그 어떤 준비도 없이 주머니도 무일푼이나 다름없이 일본 땅에 도착한 지 20여 일 만에 내 삶의 중심축이 되어줄 교회를 만나고, 교회의 게스트룸도 사용할 수 있도록 하셨고, 일본 땅에서는 이방인인 나를 묻지도 따지지도 않고 보증해 주실 귀한 목사님을 만나고, 또 신학교를 먼저 졸업하는 친구를 오래전에 준비해 놓으셨다가 이때 그 친구를 통하여 내가 공부할 신학교를 준비하셨다. 이제 학교에 납부할 등록금 준비만 남았다. 돈 문제는 민감하기 때문에 함부로 먼저 입 밖으로 낼 수는 없었다. 그러나 걱정은 하지 않았다. 모든 되어져 가는 일들이 하나님께서 일하고 계심이 믿어졌기 때문에 납부 마감 시간 안에 기적같이 준비하시리라 믿었다.

아들은 일본에서 수년을 공부하면서 모든 경비를 혼자 해결하느라 잠자는 시간도 아끼고 배도 고파가며 고생이 많았다고 했다. 그때가 집에서 나와 남편의 눈을 피해 살면서 사업장이 쇠락하던 시기였기 때문에 물질적으로 아들을 도와줄 여력이 되지를 못했었다. 사실 수년 동안 사업장에서 벌어서 남편의 술주정 막는 방패로 사용하느라 남편에게 여러 차례 목돈으로 상납한 돈이 나에게 있었으면 그렇게 어려움을 겪지 않았을지도 모른다. 그러나 돈보다도 남편에게서 벗어나는 일이 그때는 중요했으므로 돈에 대한 애착이 전혀 없었다. 또 승승장구하던 사업장이 그렇게 몰락할 줄은 그때는 전혀 생각을 못했다.

그러나 시간이 많이 지나고 하나님 손에 전적으로 붙들려서 살면서 그 모든 나의 삶 순간순간들이 하나님의 작품이로구나 깨달아질 때마다 하나님께 통회 자복할 수밖에 없었고 칠순이 된 지금도 여전히 지나온 삶 속에서 혈기로, 교만으로 저질렀던 잘못을 하나씩 하나씩 생각나게 하시면 감사함으로 용서를 빌고 또 빌고 있다. 순도 100%의 정금이 되어서 천국으로 가고 싶어서....

아들은 엄마 손이 필요한 어릴 때부터 성인이 되도록 밴쿠버로, 일본으로 타국생활이 너무 길었다. 그런데 이제 본인이 한국으로 돌아갈 날이 정해진 상태인데 엄마가 한국에서 그 아들을 맞이해 주지 못하고 아들의 뒤를 이어서 타국에서 신학교를 가겠다고 하니 아마 아들은 기가 막혔을 것이다.

아들은 그때 귀국해서 취업할 동안 쓰려고 고생고생하며 한 푼 두 푼 모아서 마련해 놓은 비상금을 엄마의 신학교 등록금으로 몽땅 털어주었다. 모든 것을 준비하셨다고 몸만 떠나라고 하신 하나님의 계획은 참으로 사람으로서는 측량할 수가 없는 것이었다.

일본에 도착해서 한 달이 못 되어 하나님께서 하신 약속의 말씀은 모두 이루어졌다. 할렐루야!!

아들의 귀국 날짜는 다가오고 있었고 아들이 자취하면서 쓰던 침대랑 생필품들을 내가 살 집으로 옮겨 왔다. 나는 친구의 알선으로 하교 후 저녁에 일할 수 있는 파친코에 아르바이트 자리를 얻게 되었다. 유리 칸막이 안에서 작은 창구로 고객이 칩을 넣으면 계산해서 현금으로 교환해 주는 일이었다. 고객들과 대화도 필요가 없었다. 나는 일본어를 못하니 안성맞춤의 자리였다.

아들은 귀국하기까지 도쿄에서 내가 있는 가와사키까지 거의 매일 다녀가곤 했다. 같이 일본 라멘도 먹고, 덴뿌라도 먹고, 오뎅도 먹고, 스시도 먹고 하면서 아들이 있어서 일본 땅에서의 적응 기간이 좀 쉬웠고 의지가 되었다.

자식의 나이가 환갑이 되어도 부모 마음에는 어린아이같이 보인다고 하는데 나는 그때 '우리 아들이 참 많이 컸구나! 이젠 나의 보호자가 되었구나!' 하는 생각이 들었다.

얼마 후 아들은 서울로 떠나고 또 혼자가 되었다.

걷는다.

길 위에 서면

온전한 나를 만난다.

태중에 웅크리고 있는 나를

흙먼지 흩날리는 신작로를 내달리던

천진난만한 어린 소녀를

걷는다.

길 위에 서면

사울을 바울 되게 하셨던 주님을 만난다.

몸에서 열이 나고 땀이 난다.

들숨 날숨에 한숨을 섞어

걸음걸음에 토해 내버린다.

오직 길이요 진리요 생명 되신 주님의 흔적만 남기고

오늘도 난 길 위에 선다. 진리 가운데 선다.

한국에서 떠나올 때 모든 일이 일사천리로 급하게 진행되었기 때문에 나 스스로도 정신이 없었다. 내가 원래 신중한 사람이고 돌다리도 두드리는 스타일이고 하나님께 기도하고 등을 떠미실 때까지 움직이지 않는 사람이고 내가 확신이 들기까지는 남의 말에 좌지우지하지 않는 그런 사람이었다. 그것은 아마 어려서부터 혼자 살면서 스스로 결정하고 스스로 책임져야 하는 삶이 습관이 되고 그렇게 굳어졌기 때문일 것이다.

그런데 일본에 도착해서 학교에 입학을 결정하고 나서야 그렇게 급하게 몰아붙이며 서둘렀던 것을 알게 되었다. 그렇게 오지 않았으면 신학기에 맞춰서 입학할 수가 없었다. 우리 좋으신 하나님은 매사에 빈틈이 없으시고 정확한 분이심을 또 깨달았다.

가와사키에서 학교가 있는 도쿄까지는 1시간여 전철을 타고 신주꾸 역에서 내려 도보 15분 정도의 거리에 있었다. 4년 동안 달려가야 하는 첫 학기가 시작되었고 나는 늦깎이 학생이라 다른 학생들보다 더 열심히 달려야 했다. 일본인 교수님의 강의를 들을 때는 머리에 쥐가 났다. 학생들이 대부분 한국인이라 동시통역을 하시는 분이 계셨다. 그러나 한국인이라고 해도 모두 오래 일본에 거주한 학생들이라 전문적인 언어 외에는 잘 알아듣고 말도 잘했다. 나처럼 한국에서 온 지 한 달 된 사람은 내가 유일했다.

한 학기 동안 요한 1,2,3서를 강의하신 일본인 교수님이 계셨는데 내가 열심히 교수님 눈을 맞추고 집중해서 강의를 들으니 참 열심인 학생이다 싶으셨는지 어느 날 나에게 무언가 질문을 하셨다. 개인적인 질문이라 통역하시는 분도 내가 알아들었을 거로 생각했는지 나를 쳐다만 보고 있었고 나는 멀뚱하게 있으니, 학생들이 모두 웃으며 한국에서 온 지 얼마 되지 않았다고 답변을 해줬다. 그때 교수님은 통역하시는 분께 통역을 잘해달라고 부탁하시는 듯하더니 또박또박 말씀하셨다. "미안하다고 몰랐다고 진즉 알았으면 신경 써주며 강의를 했을텐데"라고 진심이 느껴지는 말씀을 해주셨다.

그 후 그 교수님은 여러 가지로 나를 배려하시는 마음으로 관심을 많이 베풀어주셨다. 그 교수님과 한 학기를 공부하면서 많은 다른 교수님들보다 그 교수님 강의를 좋아했고 열심히 경청했다.

한 학기 공부를 마치며 그 일본인 교수님은 내가 써낸 리포트에 '베리 굿'을 친필로 달아서 돌려주셨다. 사실 그 리포트에도 사연이 있었다. 일본인 교수님들은 한국 학생들에게 요구하시는 리포트 규칙이 있었다. 한국어로 작성해서 다시 일본어로 번역한 것과 같이 묶어서 내라고 하신다. 나는 한국어로 리포트를 작성해 놓고 누구에게 번역을 부탁해야 하나 고민을 했다. 보통은 나를 도와주고 있는 신학교 졸업한 친구나 신학생들이 해줬었는데 그 교수님 것은 내가 심사숙고해서 나름 깊은 영성으로 리포트 작성을 잘했다고 생각했기 때문에 번역도 잘하고 싶었다.

가와사키 교회에는 부목사님이 한 분 계셨다. 한국에서 기타 하나 메고 일본으로 선교하신다고 오셔서 길거리에서 찬양하며 노방전도 하시다가 일본인 아내를 만나서 일본에 눌러앉았다고 하셨다. 그분은 한국에서 5형제가 모두 목회하신다고 했다. 한국으로 돌아온 후에 알았는데 그 목사님의 형님도 목사님이셨고 오래전부터 내 페이스북 친구 중에 한 분이셨다. 그분이 올리신 사진과 글을 보고 알게 되었는데 온라인상이라 그것에 대한 어떤 언급도 하지 않았지만 반가웠다.

리포트를 들고 그 부목사님 방으로 찾아갔다. 교회에서 만난 지 얼마 되지 않은 성도가 번역을 부탁드리니 그 목사님 참 황당

하셨을 것이다. 그 목사님은 연세에 비해 흰머리가 많은 분이셨는데 오히려 그 흰머리 때문에 인상이 더 좋아 보이시는 듯했다. 환하게 웃으시며 맛있는 차를 내주시고 다정다감하시고 겸손하셨다. 내 부탁에 "이번만!"이라고 하시며 해주시겠다고 하셨다. 그렇게 존경하는 일본인 교수님의 과제를, 최선을 다해서 '베리굿'을 받아냈던 것이다.

일본은 기독교 인구가 많지는 않지만, 그리스도인 중에는 영성 깊은 일본인들이 여기저기에 보석처럼 숨겨져 있다는 것을 알게 되었다. 그렇게 한 학기가 순식간에 지나갔다.

방학하면서 파친코에서 일하는 것을 그만두고 돈을 좀 더 많이 받을 수 있는 중국집에서 아르바이트를 시작하게 되었다. 그 또한 신학교를 먼저 졸업한 그 친구가 소개를 해줬다. 그 친구는 일본에서 생활한 지가 오래고 본인이 공부하면서 생활하느라 여기저기 일자리를 많이 알고 있었다. 완전히 그런 쪽으로는 마당발이었다. 지금 생각해 보면 내가 그 친구에게 신세를 많이 진 것 같다. 그 신세를 갚지도 못하고 한국으로 왔는데 그저 고마울 뿐이다.

중국집은 출근하면 제일 먼저 하는 일이 양파 까는 일이다. 하루에 50개 정도씩 까야 하는데 눈이 매워서 눈물을 줄줄 흘리며 해야 했다. 함께 일하시는 분 얘기로는 좀 지나면 괜찮아진다고 하는데 일을 그만둘 때까지 눈물이 그치지 않았다. 양파 까는 일이 끝나면 홀 청소하고 테이블 닦고 정리했다. 손님을 받기 전 직원들 식사를 먼저 주방장님이 해주시는데 날마다 메뉴를 바꿔가며 맛나게 해주시던 그때 음식은 지금도 생각이 난다. 그런데 그때 먹은 음식들은 서울에 있는 중국집 어디서도 먹을 수 없는 것들이다.

손님들이 오기 시작하면 주방 안에서 설거지를 담당했는데 처음에는 내가 가정에서 하듯 꼼꼼하게 그릇을 닦았더니 "그릇 빵구 나니까 적당히 닦으라"했는데, 빨리하라는 소리를 돌려서 하는 말이었고 난 웃음이 빵 터졌다. 주방장은 성품이 괜찮은 사람이었었다. 일은 자정이 넘어야 끝이 났고 다운타운에 있는 중국집에서 집까지는 도보 20여 분이 소요됐었다.

일본 사람들은 남녀노소 불문하고 자전거를 많이 이용한다. 권 사님이 교회에 있는 본인의 자전거를 타고 다니라고 하셨다. 하지만 자동차 운전은 일찍부터 했지만, 자전거는 타는 법은 배울 기회가 없었다. 권사님이 가르쳐 주시려고 했지만 자꾸 넘어지면서 자전거 타는 것을 포기했다. 일본에서의 생활이 반년이 지나가고 있었다.

교회에서는 매주 월요일마다 노숙자들의 예배가 있었다.

일본에는 그 당시 공원마다 나무가 우거진 숲속에는 노숙자들이 기거하는 텐트가 많이 있었다. 그렇게 해도 단속도 안 하는 것 같았다. 나는 학교 가느라 참석을 못 하다가 방학을 하면서 예배에 참석할 기회가 왔다.

매주 찾아오는 노숙자들이 백 명이 넘어 어느 때는 이백 명 가까이 온다고 했다. 그 인원이 성전에 꽉 들어차 앉아 있으면 노숙자들의 몸에서 나는 냄새 때문에 도저히 성전 안으로 들어갈 용기가 나지 않았다. 첫날은 그렇게 예배 참석은 못 하고 식당에서 봉사했다.

예배가 끝나면 이분들이 모두 식당으로 줄을 서서 들어오시는데 입구에서 들어오시는 한 분 한 분께 인사를 하며 물을 따르는 일을 맡아서 했다. 물을 컵에 따라서 탁자 위에 쭉 올려놓으면 그분들이 스스로 하나씩 집어 가시는 그런 방법이었다. 식사가

다 끝나고 그분들이 돌아가시고 나면 태산같이 쌓여 있는 그릇들과 숟가락을 닦아서 소독했다. 또 성전과 복도와 계단과 화장실을 깨끗하게 청소해야 했다. 사실 그렇게 하고 창문을 열고 오래 환기해도 그 냄새는 쉽게 빠지지 않았다.

그것을 보면서 많은 것을 느꼈다. '그렇게 오시는 노숙자들이 과연 예수 믿고 변화되는 사람은 있는가?'라는 것이 궁금했다. 나중에 들으니, 교회에서 숙식하시며 온갖 궂은 일을 도맡아 하시는 할아버지가 한 분 계셨는데 그분이 노숙자로 오셨다가 변화되신 분이라고 했다. 그 할아버지는 자상하시고 친절하셨다. 내가 처음 왔을 때도 교회 창고에 보관되어 있던 푹신한 밍크 담요를 내게 주셨다. 게스트룸이 다다미방이라 난방이 없어 추우니 따뜻하게 덮으라고, 제일 좋은 거라고 하시면서. 그 후에도 그 할아버지는 늘 나에게 교회에 기부해 들어오는 빵 한 쪽이라도 나눠주시려고 애쓰셨다. 내가 서울로 돌아오고 수년 후 그 할아버지께서 하늘로 가셨다는 소식을 들었다.

그분 외에도 여러 사람이 변화되어 주일예배에 오신다고 했다. 노숙자로 월요예배에 오시던 분들이 변화되시면 주일예배에 오신다고 한다. 아무튼 가뭄에 콩 나듯이 변화가 되는 사람이 있기는 하니 교회에서 목사님과 성도님들은 그것을 위하여 고생을 마다치 않고 열심히 섬기신다고 했다.

교회가 노숙자들을 섬긴다고 각종 회사에서 상품 가치가 떨어지는 물건이나 재고들을 기부해 주었고 빵 공장에서는 유통기한이 임박한 빵과 과자들을 보내왔다. 그러면 음식은 교회 차로 직접 노숙자들이 기거하는 텐트촌으로 가져가 나눠주기도 했고 옷이라던가 물건들은 월요일 예배 드릴 때 복도에다 놔두면 직접 그분들이 골라 가시곤 했다.

노숙자 예배 두 번째부터는 성전으로 들어가서 그분들과 함께 찬양하며 예배를 드릴 수 있게 되었다. 역겹던 냄새가 점점 구수해지기까지 했다. 예배가 끝나고 식당에서 물을 드릴 때에도 컵을 직접 들어서 손에다 쥐어드렸다. 일본어로 짤막하게 안부 인사도 건넸다. 나도 웃고 그분들도 점점 굳었던 얼굴을 펴고 웃으신다. 주님의 사랑이 나를 통하여 그분들 마음에 가서 닿기를 간절히 원했다. 주님의 빛이 나를 프리즘 삼고 통과하여 그들에게 비추기를 소원했다.

주님께서는 또 나를 한 단계 변화시키셨다.

2학기가 시작되었고 전철을 타고 학교 오가는 일이 익숙해지면서 휴강이거나 시간의 여유가 되는 날에는 두세 시간 걸리는 지방까지 교수님이 담임하시는 교회도 방문하고 일본의 여기저기를 여행하곤 했다. 사실 여행이라기보다는 일본을 마음에 품고 기도하며 졸업 후에는 어느 지역에서 사역할까 미리 돌아보는 일이었고 또 재학 중에라도 교육 전도사로 사역하면서 배우고 싶었기 때문이기도 했다. 그 당시 일본에는 신학생이 별로 많지 않기 때문에 한인교회에는 사역자가 부족하다고 했다. 보통은 학생들이 졸업하면 본인이 섬기던 교회에서 사역하는 것 같았다. 그러나 사역 자리를 찾는 것이 쉽지 않을 것이라고 동기들이 말했다. 일단 일본어가 능통해야 하고 가족이 함께 교회를 섬길 수 있는 사람을 선호한다는 것이다. 나는 두 가지가 다 결격자인 것이었다.

중국집 아르바이트도 개강하면서는 더 할 수가 없었다. 하교 시간과 출근 시간이 맞지 않았기 때문에 처음부터도 생각하고 있었던 일이었지만 워낙 보수가 많았기 때문에 한시적으로 했었던 것이었다. 그 덕에 비축한 돈이 조금 있어서 얼마 동안은 학업에 열중할 수 있었다.

아르바이트를 하지 않으니, 새벽에 예배드리고 등교했다가 돌아오면 성전에서 밤이 늦도록 기도를 할 수 있어서 좋았다. 그러나 시간은 자꾸 가는데 아르바이트 자리가 구해지지 않았다. 이번에는 마당발이던 친구도 내 사정을 아니 발만 동동 구르지 도대체가 학교 다니며 할 수 있는 자리가 없다고 안타까워만 했다. 속수무책이었다.

그렇게 중국집 아르바이트로 비축해 두었던 돈도 바닥이 날 즈음 엎친 데 덮친 격이라고 학교에 오만 엔을 납부해야 하는 일이 생겼다. 계획에 없었던 일이었다. 그 당시 오만 엔은 한화로 5십만 원 정도였다. 이래저래 낙심되었다. 주머니를 털어도 오만 엔에는 부족했고 털어내고 나면 그 후에는 교통비도 없을 판이니 그럴 수도 없었다. 내가 할 일은 기도밖에 없었다.

한국에서 일본으로 오는 것도 기적이요 와서도 하나님께서 행하신 일들이 기적이었는데 그 일을 잊은 사람처럼 하나님께 또 징징거리며 하소연했다. 그렇게 납부 기한은 하루 앞으로 다가왔고 마음이 한없이 쪼그라든 채 등교했다.

강의를 들으면서도 마음은 온통 콩밭에 있었다. 수업을 마치고 가방을 정리하는데 가방 안에 무슨 봉투가 하나 들어 있는 것이 아닌가 그 순간 평소 친근하게 지내던 전도사님이 얼른 나를 끌고 복도로 나가자고 했다. 그 전도사님은 사역하면서 학교에 다니고 있었는데, 전날 본인 교회에 기도하시는 권사님이 연락하셨더란다. 잠깐 만나자고, 그 권사님께서 기도하시는데 하나님께서 '신학교 학생에게 주라.'고 하셨다고 하면서 봉투를 주시더란다. 누구인지는 모르겠으나 전도사님이 찾아서 전해달라고 하면서. 하여, 전도사님이 그 봉투를 받아 들고 와서 '하나님께서 지정하는 학생이 누구인가요?'하면서 곰곰이 생각해 보니 내가 떠오르더란다. 덧붙이는 얘기는 다들 일본에 오래 살았고 가정들이 있는 학생들인데, 나만 혼자 교회 게스트룸에 살고 있으니 나라는 확신에 고민하지 않았다고 하면서 본인도 봉투에 얼마가 들어 있는지 모른다고 했다. 다른 학생들 보지 않게 집에 가서 열어보라고 하면서....

벙어리처럼 아무 소리도 못 하고 죄지은 사람처럼 고개를 숙이고 있다가 고맙다는 말도 제대로 못 하고 나와서 전철을 어떻게 탔는지 어떻게 가와사키역에 내렸는지 정신이 나간 사람처럼 집에 도착했다. 봉투를 열었다. 전해준 전도사님이 얼마인지 모른다는 말은 맞는 말이었다. 봉투 입구가 풀로 꽁꽁 발라져 있었다. 그 봉투 안에는 정확하게 5만 엔이 들어 있었다.

할렐루야!!

2학기도 중반을 지나가고 있었다. 5만 엔 사건 후 얼마 지나지 않아서 교회에서 평소 친밀하게 지내던 권사님께서 진지하게 말씀하셨다. 본인이 기도하면서 마음이 와서 그러는데 아르바이트 자리 찾지 말고 공부만 하면서 방과 후에 하던 밤 기도를 계속하면 좋겠다고 하시면서 나의 후원자가 되어주시겠다고, 졸업하고 이 다음에 목회를 잘하면 그것으로 갚는 거라고 하면서, 덧붙이시는 말에 그 제안을 수락하게 되었다. 그것이 정 불편하면 후에 여유가 되면 갚으라는 것이었다. 그때부터 그 권사님은 엄마가 자식 챙기는 것처럼 나의 모든 삶의 필요를 채워주셨다. 나는 차곡차곡 권사님께 받은 것들을 마음으로 입력하고 머리로 계산해 두었다.

그 후 한국으로 돌아와서 졸업하고 전임 사역을 하면서도 형편이 그리 넉넉지 않았다. 세월이 많이 지난 13년 후에야 그 권사님께 마음으로 입력하고 머리로 계산해 둔 그 사랑을 갚아드릴 수 있었다. 그 권사님은 '하나님께서 하신 일이라고, 절대 받을 수 없다.'고 하셨지만, 나는 받으셔야 내가 목회를 편하게 잘할 수 있겠다고 맞섰다. 그 권사님은 나의 강경한 태도에 마지못해 받으시면서 한마디 덧붙이셨다. '내가 언젠가 단독 목회하게되면 다시 돌려주시겠다고.' 나는 그러시라고 했다. 이미 적은나이가 아니라서 마음이 상한 자들을 위로하며 이야기를 들어주고 그들의 무거운 마음의 짐을 나눠서 져주는 상담목회를 하다가 은퇴하겠다는 마음이지 단독 목회를 할 마음은 없었기 때문에 그리 대답할 수가 있었다. 권사님께 받은 사랑을 갚아드리면서 일본에서의 학교 동기들과 그때가 생각나서 가슴이 뭉글뭉글무언가에 대한 그리움이 밀려왔다.

한국에서 일본으로 떠날 때도 그렇고 일본에서 한국으로 돌아올 때도 그렇고 전적인 하나님의 강권적인 힘에 의해 준비 없이 갑자기 그냥 떠밀려 오고 가고 했기 때문에 일본에서 한 학년을 함께한 동기들에게 인사도 못하고 연락처도 적어 오지 못했었다. 한국에 돌아와서도 또 정신없이 연단 받으며 살기 바빴고, 학부 졸업하고 신대원 입학하고 사역하며 공부하느라 오직 내안에 주님으로만 살아가기에도 벅차다 보니 일본에서의 시간을잊었었다. 나중에 정신이 들어 추억을 회상할 수 있는 시간이 되니 너무 늦었다. 하나님의 심부름으로 나에게 봉투를 정확하게 전해준 그 전도사님도 그립고 내가 제일 존경하던 일본인 교수님도 그립다.

하나님은 우리의 마음을 훈련하시고 연단하실 때는 대부분 사람과의 관계를 통하여 하신다. 우리는 때로는 관계 속에 묶여있던 사람들과 좋은 관계일 때는 영원히 함께할 듯 확신에 차 약속을 할 때가 있다. 그러나 하나님께서는 그 관계에서 받을 훈련이 끝나면 우리의 생각과는 달리 그 관계를 좀 소원해지게도 하시고 그 관계를 끊게도 하신다. 또 그러다가 다시 친밀하게도 하신다. 물론 예외도 있겠으나, 그때의 사람들과 다시 만난다고 해도 각자 살아온 세월만큼 마음의 간격이 또 있을 것이다. 때로는 보고 싶어도 그냥 그리워할 때가 좋은 것이라고 생각이 들기도 한다. 아무튼지 나와 믿음의 여정에서 스쳐 지나간 수많은 사람들이 변질되지 않고 여전히 주님만을 바라는, 하나님께서 보시기에 아름다운 믿음의 용사들이길 기도한다. 샬롬.

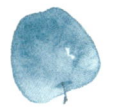

버려진
썩은 사과는
더 달콤했다

버려진 썩은 사과는 더 달콤했다

다시 일본에서 한국으로 돌아오기까지의 기억을 소환해 보려고 한다.

2학기도 끝이 보이고 종강이 다가오고 있었다. 아르바이트도 하지 않으니 학교에 가는 시간 외에는 거의 성전에서 살았다. 날마다 방언으로 부르짖으니 목청이 두꺼워지고 소리가 뻥 뚫렸다. 기도 자리에서 주님을 만나고 주님과의 대화가 깊어졌고 그러니 기도 시간도 길어졌다. 수 시간씩 기도를 마치고 나면 땀으로 옷이 흠뻑 젖기가 다반사였다.

신학적인 견해가 각자 다르다 보니 여기에서 자세하게 다루지는 못하지만 그즈음 여러 가지 성령 체험을 많이 했었다. 그날도 하교 후 수 시간째 깊은 기도에 집중하고 있었는데, 내가 한국에

서 올 때 비행기 안에서 들려주셨던 고린도후서 5장 17절 "그런
즉 그리스도 안에 있으면 새로운 피조물이라 이전 것은 지나갔
으니 보라 새것이 되었도다" 이 말씀이 예배당 한쪽 벽에 교회
표어처럼 크게 붙어 있었다. 교회에 처음 방문했던 날, 이 말씀
이 벽에 걸려 있는 것을 보고 크게 놀랐다. 그런데 그 말씀 위에
한 자씩 도장을 찍는 것처럼 새겨서 보여주시는 것이었다. 교회
안은 조명등만 밝히고 있어서 어두웠는데 벽에 글자가 새겨질
때마다 글자에만 불이 환하게 번쩍했다.

그 시기에 나는 앞으로 일본에서 뿌리를 내리기 위한 사역 자
리를 주십사 기도하고 있었을 때였다. 벽에 그 말씀을 받으며 깊
은 기도 가운데 감사기도를 드리고 있었는데 이번에는 하나님의
우렁찬 목소리가 귓전을 때렸다.

"이제 한국으로 돌아가라 남편에게로, 그가 너의 첫 번째 양
이다."

그날 이후 한동안 기도의 지성소에 들어가는 깊은 기도를 할
수가 없었다. 하나님께 엄청나게 대들었다. 나에게 왜 이렇게 하
시냐고, 내가 어떻게 하고 일본까지 왔는데 남편에게 돌아가라
니 말이 되는 소리냐고, 다른 것은 다 하라시는 대로 할 테니 제

발 남편에게 돌아가라는 말씀은 말아 달라고, 아무리 몇 날 며칠
을 울며불며 떼를 써도 하나님은 묵묵부답이셨다.

날이 흐린건가. 마음이 흐린건가.

언제나 한결같은 믿음으로 파이팅하는 사람들이 부럽다.

주님의 뒤를 따르다가 놓쳤다 길을 잃은 것 같다.

주님 어디로 가셨습니까?

주님의 옷자락이 보이지 않아 길을 멈췄습니다.

말씀을 보아도 기도 자리에 앉아도 주님이 보이지 않습니다.

세상과 사람들은 바삐 움직이는데

저만 한 자리에 고립되었습니다.

숨바꼭질이라면 잠시 기다릴 수 있습니다.

그러나 너무 오래 숨지는 말아 주십시오.

사방을 둘러보아도 덩그러니 저만 혼자 남았습니다.

바람결에도 주님의 소리는 함께하지 않습니다.

저를 나약하다고 나무라지 마십시오.

나름 애쓰며 온 마음으로 버티고 있습니다.

나이가 무슨 상관입니까?

믿음의 연조가 무슨 상관입니까?

중보기도자가 무슨 상관입니까?

이 순간은 그저 목이 메이도록 갈급함으로

주님만 찾는 약하디 약한 죄인일 뿐입니다.

주님! 얼른 나오셔서 제 손을 잡아주십시오.

어둠이 저를 덮칠까 두렵습니다.

어서 빛 가운데로 저를 인도해 주십시오.

주님! 주님! 주님! 나의 주님!

주님께서 사랑하시는 제가 길을 잃고 여기 서 있습니다.

종강은 다가오고 마음은 지쳐 있지만, 한국으로 돌아간다면 학교를 어디로 가야 하나 고민이 되었다. 그래서 동기들에게 조언을 구하고 있었는데 그 내용이 한가지로 모여졌다. 나는 처음부터 통합측 장로교 출신이어서 한국의 여의도순복음교회에 대하여는 그저 그런 큰 교회가 있다는 정도로만 알았는데, 일본에서 순복음신학을 하는 사람들은 대다수가 한국에 있는 순복음영산신학원을 동경하고 있다는 것이다. 그리고 그곳으로 갈 경우는 같은 교단이라 편입 절차도 쉽다고 했다. 그렇지만 나는 한국으로 돌아갈 마음보다는 일본에서 살아남을 궁리가 많았기 때문에 동기들에게도 봄 학기에 다시 만날 것처럼 그렇게 종강을 맞이하고 헤어졌다. 그때는 마지막이 될 것처럼 인사를 하기가 싫었었다. 어떻게든 일본에서 버텨보고 싶었었다. 하지만 그후로 일본의 학교로 다시 돌아가지 못했다. 우리 하나님은 입학 시기와 편입 시기까지도 세밀하게 계산하시고 일을 추진하시는 분이시다.

정말 인생은 내 마음대로 되는 것이 별로 없다. 더구나 믿음의 삶을 살아내려고 애쓰는 자들에게는 더 그런지도 모르겠다. 순종하는 것을 보면 믿음의 깊이를 알 수 있다고 한다. 나는 내가 살아오면서 믿음이 깊은 사람이라고 생각하지는 않았다. 단지 살면서 기대고 의지할 것이 없으니 기도할 수밖에 없었고 기도를 하면 내가 원하는 응답이 아니라고 해도 하나님께서는 그 뜻대로 순종할 수밖에 없도록 그 길로 몰아가시고 땅끝에 세우시는데 어찌 내가 버틸 수 있겠는가 말이다. 그래서 나는 확신이 없을 때는 어설프게 움직이지 않는 습관이 생겼다. 밀어내실 때까지 버티는 재주가 나에게는 생겼기 때문이다.

1년을 게스트룸에 살면서 아들이 쓰다 주고 간 침대랑 일본인 할아버지가 특별히 생각해서 주시는 거라고 하시던 흰색 밍크 담요는 내가 애정하는 물건이었다. 두고 오는 것이 아쉬웠다. 내 마음을 알아차리기라도 하셨는지 관리하시는 분이 있는 그대로 다 두고 가면 다음에 내 방을 쓰게 될 유학생이 잘 쓰게 될 거라고 하신다.

사람은 잠깐을 살아도 필요한 것이 많다는 것도 알게 된 시간이었지만, 또 최소한의 것으로도 충분하게 살 수 있는 미니멀 라이프를 알게 해준 시간이기도 했다. 그때 최소한의 돈으로 생활하느라 학교 오가는 교통비와 공부에 필요한 것 외에는 모든 것을 아껴야 했었다. 식비를 줄이려고 대형마트가 문을 닫는 시간에 자주 갔다.

세일하는 식재료들을 사러 갔었는데, 유통기한이 임박해서 제값에 팔 수 없는 야채나 과일들을 무료로 가져갈 수 있도록 내어놓은 것을 보게 되었다. 필요한 사람들 가져가라고. 처음에는 그것들을 집어들 용기가 없어 서성였는데, 현지 일본인들이 당당하게 그 물건들을 가져가는 것을 보고 나도 용기를 내서 내가 필요한 만큼 집어들었다. 주로 양배추껍데기를 벗겨서 내어놓은 것이나 상해가는 사과를 가져다 먹었다.

양배추는 깨끗하게 씻어서 교회에서 권사님이 일주일에 한 번씩 밥통에 담아주시는 밥을 소분해서 냉동실에 보관했다가 한 덩이씩 꺼내서 양배추랑 섞어서 끓이고 일본 된장으로 간을 하면 양식 수프 같기도 하고 한국 죽 같기도 한 것이 시장이 반찬이라고 꿀맛이었다. 그리고 썩은 사과는 상처를 도려내고 간식으로 먹으면 오히려 멀쩡한 것보다 더 달콤했다. 어려서부터 자립정신 하나는 이골이 난 사람이라고 스스로 자부했지만, 세월이 지나 생각해 보면 매 순간마다 하나님의 손길이 안 미친 곳이 없었다. 버려진 양배추 껍데기를 주워다 먹고 썩은 사과를 맛있게 먹던 그 시절에도 하나님은 나와 함께 하셨다. 타국에서 그렇게 살면서도 좌절하지 않았고 높은 자존감으로 살 수 있었던 것은 어린 시절 나를 고학생으로 단련해 주신 하나님 은혜가 아니겠는가.

나무만 보이던 고난의 시간을 지나고 나면 숲이 보이는 것이다. 지금 내가 주님 주시는 참된 평안을 누릴 수 있는 것은 지나온 과거의 아픔을 약으로 만들어 주신 주님의 은혜임을 다시 한번 고백한다. 지금도 양배추와 사과를 즐겨 먹는 편인데 이제는 배가 불러서 그런지 일본에서 먹었던 그 맛이 나지는 않는다.

오뚜기는 중심에 쇳덩이를 두고 있으니
넘어져도 일어선다.
인간은 중심에 주님이 계시면
쓰러져도 다시 선다.

한국에서 내가 직접 디자인해서 입었던 모자가 달린 검은색 반코트가 편해서 일본으로 갈 때 입고 갔었는데 교회에 입고가면 성도님들이 좋다고들 했었다. 리포트를 번역해 주신 부목사님의 아내인 일본인 사모님도 좋다고 만지셨던 것이 생각나서 그 검은색 반코트는 그분께 드렸더니 사모님은 많이 좋아하셨다. 그 사모님은 빵 만드시는 솜씨가 보통이 아니신 분이다. 가끔 빵을 만들어서 나눠주시곤 했는데 지금도 빵을 보게 되면 그 사모님의 스펀지케이크가 생각이 난다. 현재 목사님 내외는 일본 시골 어딘가에서 두 분의 성품에 맞게 아름다운 풍경화처럼 살고 계시는 듯하다. 연락은 주고받지 않지만, 사모님의 페이스북을 통해서 그분들의 삶을 엿볼 수가 있다. 그 당시 일본에는 리사이클

숍이 굉장히 활성화되고 있었다. 일본인들이 한국인보다 사치가 덜하고 검소하다는 것을 느꼈었다. 물론 내가 상류층 일본인들을 만날 기회가 없어서 그렇게 느꼈을 수도 있다.

시간은 흘러 내가 싫든 좋든 한국으로 돌아갈 모든 준비는 착착 진행되어 가고 있었다. 그렇지만 내 마음에선 아직 허락되지 않았다. 그러나 나는 안다. 내 마음이 허락되든 말든 이미 하나님께서는 그 계획하심대로 나를 떠미시고 그 힘에 의해 밀려가고 있다는 것을, 이렇게 저렇게 교회 사람들과 아쉬운 작별을 했다. 그들과 헤어지면서 때가 되면 다시 돌아와서 일본에서 사역하고 싶다는 마음을 전했다. 일본에서 사역한다면 학교에 다니는 동안 일본어를 열심히 공부해서 한국 사람들이 많지 않은 홋카이도 쪽에 자리를 잡고 일본인들을 전도하고 싶었다. 내가 본 일본 사람들은 대체로 우울한 사람들이 많았다. 사람들이 독립적이고 그래서 사람들과 화합을 못 하고 에고이스트적인 면이 많이 보였다. 아마도 그들이 섬기는 수많은 신들의 그늘에서 살기 때문이 아닐까 생각을 했었다.

그러나 그 일들은 내 인생 여정 속 한 때 잠깐 스쳐 지나온 시

간이 되고 말았다. 그곳에서 만나서 함께 웃고 같은 마음으로 미
래를 꿈꾸었던 사람들은 지금 무엇을 하고 있을까 궁금하지만,
모든 것은 지나간 추억의 한 장면이 되고 말았다.

다시 한국으로,
그리고
회복

다시 한국으로, 그리고 회복

귀국 시간은 영락없이 내 앞에 당도하였고 한국행 비행기에 몸을 실었다. 일본행 비행기를 탄 것도 하나님의 명령이셨고, 한국행 비행기를 탄 것도 하나님의 명령이시다. 남편을 다시 만난다는 것이 무섭지만 주님을 믿는다. 과정은 좀 어렵더라도 결과적으로는 항상 주님의 인도하심이 옳은 길이었기 때문이다.

집을 나와서 수년을 따로 살다가 다시 집으로 들어간다는 것이 내게는 보통 어려운 일이 아니었다. 하나님께 순종하는 마음으로 집으로 간다지만 남편은 어떤 마음일까도 궁금하고 혼자 있는 동안 좀 반성하고 변했을까 걱정도 되었다. 내가 집으로 간다고 미리 연락은 해두었기 때문에 그가 공항으로 나온다고는 했지만, 신학교 편입까지 해야 하는 짐을 들고 돌아온 나를 어떻게 맞이해 줄까? 뭐 이런저런 근심으로 "주님께 맡겨드립니다." 하면서 담대하려고 해도 가슴이 쿵쾅거리며 호흡이 가빠지는 것 같고 다시 그의 폭언과 술에 취한 모습이 눈앞을 왔다 갔다 하기도 하고 도대체 진정되지 않았다.

공항에서 만난 남편과 간단한 안부 인사 나누는데 남편은 말했다. "기왕에 시작한 공부니, 졸업은 해라. 그리고 당신이 하고 싶은 것 다 해라." 등 첫인사는 엄청 많이 양보하고 배려하는 사람처럼 생색을 내면서 일장 연설을 했다. 그래도 맨정신이라서 그런지 들어 줄만 했다. 그러나 딱 거기까지였다. 차를 타고 집으로 오는 동안은 서로 아무 말을 하지 않았다. 귀국 전 몇 날을 잠을 못 이룬 탓인지 그 상황에서 집에 도착까지 잠을 자고 말았다. 집에 도착하고 알게 된 사실은 그의 술버릇이 혼자 지내는 동안 더 기고만장해져 있었다는 것이었다.

아주 긴 세월 동안 남편으로부터 쌓게 된, 속된 말로 산전수전 공중전 치르며 다져진 믿음의 영성 테스트를 그때부터 당해야 했다. 물론 그 배후에는 주님의 묵인된 지휘가 있었음을 나는 안다. 그래도 남편이 신학교 편입은 허락했으니, 나의 큰 숙제는 해결이 되었다. '어느 학교로 편입해야 하나'를 고민할 필요도 없이 일본에 신학생들이 동경한다는 순복음영산신학원을 찾아 갔다. 같은 교단 소속이라 절차가 복잡하지는 않았다. 일본에서의 1년 과정이 그대로 인정되면서 2학년 편입이 가능했다. 다만 커리큘럼 차이로 4과목이나 다시 이수하고 학점을 받아야 했다.

그 당시 순복음영산신학원 학부에는 1학년부터 4학년까지 천 명에 근접한 학생들이 공부한다고 했다. 날마다 성령불기도회가 있어서 강당을 가득 채운 선지 생도들이 뜨겁게 기도했고 날마다 있는 채플 시간에는 은혜의 찬양 소리가 강당 천장을 뚫고 하늘로 올라가는 듯했다. 또 채플 시간에 선포되는 교수님들의 설교 말씀은 신학생들의 가슴을 뜨겁게 달구기에 충분했다. 가끔 전체 학생이 청계산에 올라 밤이 새도록 목이 터져라 기도했다. 수백 명의 학생들이 부르짖는 기도 소리는 청계산을 들썩들썩 뒤집어 놓는 것 같았다. 또 전체 학생들이 오산리기도원에 있는 영산수련원에서 3박 4일 금식하며 기도하고 공동묘지 제일 꼭대기까지 올라가 기도했던 기억은 잊을 수가 없다. 또 전체 학생들이 조를 이루고 전도 훈련을 나갔다. 길에서 찬양하며 노방전도를 하고 관심 있는 사람들에게는 영접기도도 해주고 연락처를 받아서 주소와 가까운 순복음교회로 연결도 해주고 하면서 학교에서 진행되는 모든 훈련들이 나에게는 새로웠다. 일본의 신학교에서는 말씀에 충실하고 깊은 영성을 위한 정적인 공부였다면 영산신학원에서는 기도하며 행동하는 사도행전적 공부라고 할 수 있을까, 물론 단적으로 평가하고 결론을 내리는 것은 모순이지만 그때는 그런 느낌이 들었다.

순복음영산신학원은 소천하신 조용기 목사님께서 오래전에 사역특공대를 훈련하시기 위해서 목사님의 호인 '영산'을 학교명으로 세우셨다고 했다. 오직 말씀과 기도와 전도를 위하여 하나님의 용사를 키우는 학교라고 했다. 편입하고 얼마 지나지 않아서 일본에 순복음 신학생들이 순복음영산신학원에서 공부하는 것을 동경한다는 이유를 조금 알 것 같았다.

나는 동기 중에서 나이가 많은 축에 속했고 특별히 학교생활에 적극적이지도 못했다. 그럼에도 학부 때 만나서 지금까지 함께 하며 서로의 대소사를 챙기고 서로를 위하여 기도하며 가끔 안부를 물어주는 나의 사랑하는 동기들은 수많은 어려움 속에서도 꿋꿋하게 하나님의 뜻을 따르고 순종하며 충성스럽게 지금도 여전히 현장에서 담임목사로 열심히들 목회를 잘하고들 계신다.

언젠가부터 신학교에 학생 수가 줄고 있다고 한다. 그냥 그렇게 시대적인 현상이라고 간주하기에는 아쉬움이 크다. 여러 가지 변화의 바람을 타고 신학교에도 개혁이 필요하다고 하고, 다시 말씀으로 돌아가자고 이구동성 외치기도 하는 것 같다. 그렇지만 하나님께서는 그때나 지금이나 동일하게 일하시고 계심을 믿는다. 여전히 그 일을 맡기실 하나님의 사람을 찾고 계시고 또 어디선가 그 사람은 훈련되고 있다.

귀국 후 나는 학교와 집 말고는 갈 곳이 없는 사람처럼 살았다.
그것은 집과 학교가 가까운 거리가 아니었기 때문에 등하교 시간도 길었고 일본에서 부족했던 학점도 4과목이나 채워야 했고 방과 후에도 내 개인적으로 교내에서 배우는 것도 있었다. 그리고 특별히 집으로 일찍 들어가고 싶지도 않았었다.
날마다 밤이 새도록 남편이 술 먹고 하는 막말을 들어주다가 퉁퉁 부은 얼굴로 학교에 가고 하교해서 집안일하고 나면, 또 취해서 들어와 떠드는 것 들어주다가 새벽녘 잠깐 눈붙이고 등교하고, 그렇게 같은 패턴으로 묵묵히 살아내고 있으니 그 대신에 구하지 않아도 베풀어주시는 하나님의 은혜가 있었다. 남편에게 학비 달라고 손 벌리고 싶지 않은 내 마음을 아시고는 때가 되면 따박따박 어김없이 도움의 손길들이 구차하지 않게 내 앞에 당도하곤 했었다. 그렇게 살아가던 어느 날이었다. 하나님께서는 정말 믿어지지 않는 말씀을 내게 하셨다.

"그는 내가 사랑하는 아들이다. 맡길 사람이 너밖에 없어서 너에게 맡겼다."

소파에 미동도 없이 눈을 감고 앉아서 앞에서 남편이 소리를 치거나 말거나 침 튀기며 폭언을 하든지 말든지 아무런 상관없는 사람처럼 오로지 속으로 중얼거리며 주님만을 찾고 또 찾고 있었다. 제발 나를 좀 불쌍히 여겨달라고 하면서, 그렇게 하던 중에 들려온 그 소리는 주님의 소리는 분명한데 우렁차고 강압적인 명령의 소리가 아니라 나를 달래시며 부탁하시는 부드러운 하나님 아버지의 사랑의 소리셨다. 그 순간 어느새 주님의 손에는 둥그런 작은 나무 탁자가 들려 있었고 그 탁자 위에는 받침이 있는 예쁜 찻잔이 두 개 올려져 있었다. 그 나무 탁자를 내 앞에 놓으시며 "나하고 차 한 잔 하자."하셨다. 그러고는 나는 정신이 들어 눈을 떠보니 남편은 여전히 서서 내게 삿대질하며 잔소리 하고 있었다.

주체할 수 없는 눈물이 흘러내렸다. 자녀들을 향하신 하나님의 사랑은 정말 끝이 없으시다. 남편은 우는 나를 보고 순간 놀랐는지 왜 우냐고 소리를 질렀다. 사실 그가 놀랄 만도 한 것이 나는 그가 술주정하면 늘 꼼짝하지 않고 눈을 감고 앉아 있곤 했었다. 불교 용어로 해탈한 사람처럼, 실제로 남편은 그런 나를 열 받게 하려고 부처라고 부르곤 했었다. 남편이 입에 담지 못할 악담을 하고 폭언을 해도 눈을 감고 앉아서 침묵으로 버티는 나를 보면서 독하다고 했었다. 그러니 맥없이 앉아서 펑펑 우는 나를 보고 놀라기도 했을 것이다. 하나님께서 저런 말도 안 되는 인간을 사랑하신다는데, 저 인간은 그것도 모르고 저렇게 인생을 낭비하고 사는구나. 어떡하던지 하나님은 저 인간을 태초에 빚으신 하나님의 형상으로 회복하시고 싶어 하시는데, 남편이 하나님께는 아픈 손가락일지도 모르겠다는 생각이 들었다. 그때 통회 자복의 눈물이 터졌다.

나 역시도 하나님께서 보시면 남편과 똑같이 하나님의 긍휼을 받아야 하는 불쌍한 인생인데 하나님의 전적인 은혜로 말미암아 믿음으로 조금 앞선 듯하다고 교만했구나. 하나님께서 보시기엔 나와 그 모두 하나님의 도움의 손길이 없으면 바닥에서 꿈틀거리는 한 마리 애벌레에 불과한 것을. 믿음의 짐은 나누어지는 것인데 남편이 힘듦을 전혀 헤아리지 못했구나! 정죄만 했구나! 하나님의 형상을 따라 만드신 인간 모두를 사랑하시는 하나님의 마음을 알려고도 하지 않고 나의 힘듦만 가지고 징징거렸구나…. '하나님께서는 우리 두 사람을 묶어서 한 세트로 훈련하시고 연단하시며 하나로 화합하기를 바라시는구나' 하는 뒤늦은 깨달음의 은혜가 그날 나에게 강력하게 임하셨다. 할렐루야!!

그날 이후 나는 남편의 술주정을 대하는 마음이 조금씩 달라지기 시작했다. 여전히 폭언 앞에 눈을 감고 침묵하고 있었지만, 나의 속사람은 부드러워지기 시작한 것이다.

남편의 폭언이 나를 향한 성냄으로 들리지 않고 본인 스스로 살려고 울부짖는 몸부림 같이 느껴졌다. 어느 때는 측은하기도 했다. 어떤 날은 내가 눈을 감고 그러고 앉았다가 폭언이 자장가

처럼 그대로 잠이 들기도 했다. 남편은 그런 내가 어이가 없는지 술주정을 일찍 끝내고 방으로 들어가는 날도 더러 있었다. 그 사건 후에도 여전히 하루아침에 우리 가정이 꽃피는 봄날이 되지는 않았다. 그러나 나는 하나님께서는 우리 가정의 완전한 회복을 위하여 일하신다는 것을 믿는 믿음이 더욱 견고해졌다.

침묵은
마음 안에 방을 하나 만드는 일이다.
분노의 언어도 담아두고
사랑의 언어도 담아두고
시간이 지나면 배설물이 되기도 하고
아름답게 숙성되어
마음 밭에 꽃이 피기도 하고
침묵은
자신과의 대화이고
하늘을 바라는 기도이다.

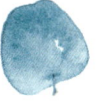

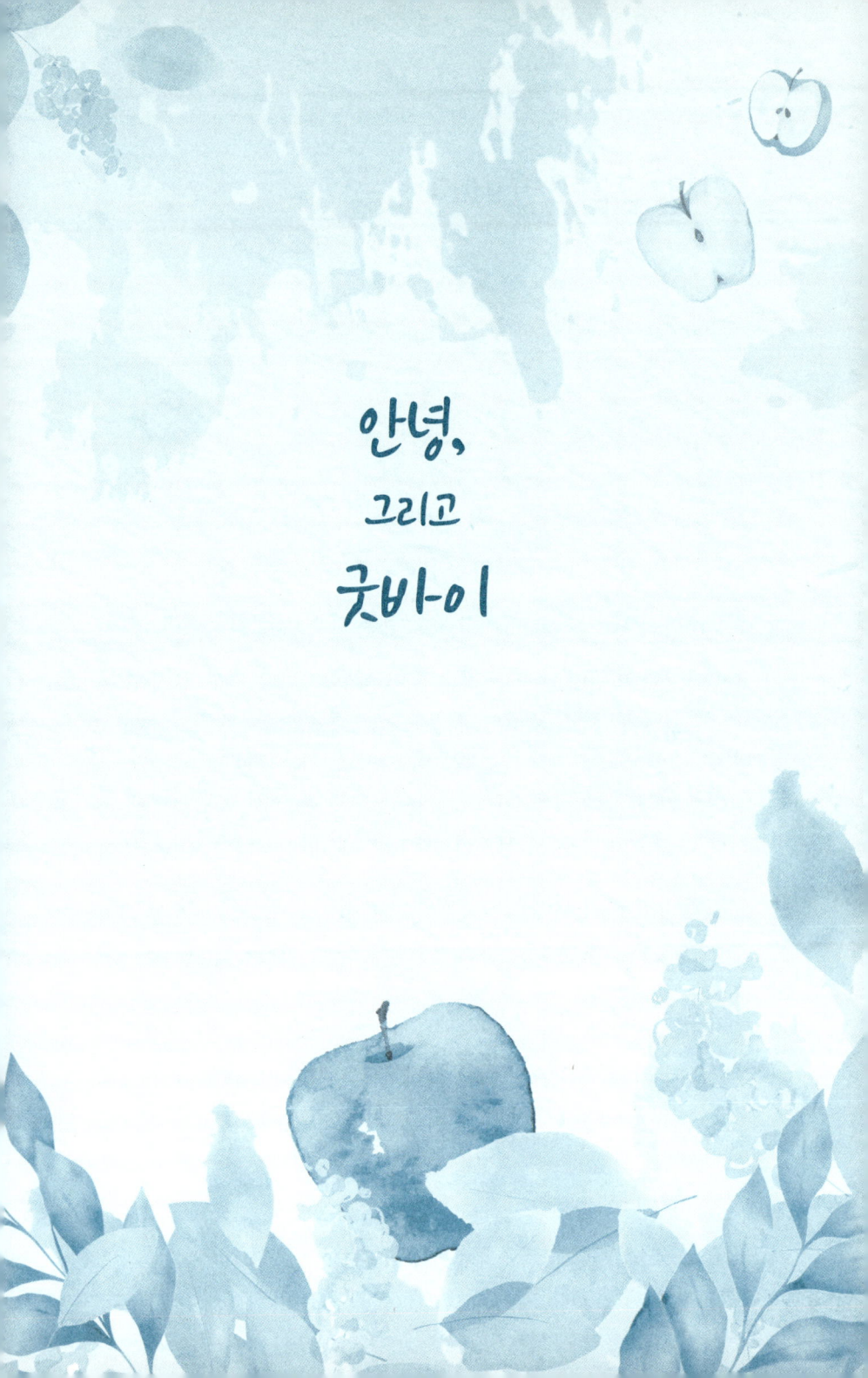

안녕,
그리고
굿바이

안녕, 그리고 굿바이

환자용 침대 위에 남편이 조용히 눈을 감고 누워있다.

40년이 넘도록 술 마시고 주정하는 재미로 살아온 사람이 어린아이가 되었다. 소리소리 지르던 패기는 어디 가고 그저 순한 아기처럼 누워만 있다. 인생은 태어나 네 발로 걷다가 두 발로 걷고 세 발로 걷다가 누워서 간다고 했던가. 헛되고 헛되며 헛되고 헛되니 모든 것이 헛되다고 했다. 한 세대는 가고 또 한 세대는 온다고 우리 집에도 세대교체의 시간이 다가오고 있었다.

일주일에 3번 휠체어에 태워서 투석하러 병원 가는 날 아니면 저렇게 누워서 지낸다. 연하곤란이 와서 밥도 못 먹고 영양죽을 만들어 입에 떠 넣어주는데 그것도 삼키는 것이 수월하지는 않다. 혈관성 치매까지 있어서 점점 기억을 잃어가고 있다. 아이들을 알아보지도 못한다. 그렇게 예뻐하던 손자 손녀도 아는지 모르는지 그냥 말없이 쳐다보기만 한다.

기억을 잃어가는 순서는 최근부터 서서히 지워진다고 했다. 어느 날부터 아들을 형이라고 했다. 그런데 유일하게 나를 안다. 그것은 죽음의 순간까지 기억에서 지우지 않았다. 밤이고 낮이고 위험한 순간들이 자주 왔다. 그럴 때마다 응급실로 달려가야만 했다. 의사 선생님은 요양병원에 입원시키라고 했지만, 나는 끝까지 집에서 돌보다가 보내려고 마음을 먹고 있었다. 남편을 사랑하는 마음에서가 아니라 하나님께서 그 아들을 사랑하신다고 말씀하셨기 때문이다.

남편을 돌보면서 힘이 들면 생각했다. "그는 사랑하는 내 아들이다. 맡길 데가 너밖에 없다고" 하시던 하나님의 그 부드러운 부탁의 소리를…. 나 같은 것이 뭐라고 부탁을 하시나. 그냥 명령만 하셔도 나는 들었을 것을….

휠체어에 태워서 화장실로 이동하고 머리를 바리캉으로 짧게 이발을 시켰다. 온몸에 비누칠해서 닦이고 머리 샴푸를 하고 샤워기로 물을 뿌려도 미동도 하지 않는다. 불편한 데 없냐고 물어도 대꾸도 없다. 가누지 못하는 머리는 바닥을 향해 자꾸 수그러진다. 간신히, 그러나 정성을 다하여 씻기고 침대로 옮겨서 기저귀를 채워주고 보디로션을 꼼꼼하게 발라주고 얼굴에 향이 좋은 로션을 바르고 손으로 다독여 주고 나니 눈을 감고 누워 있는 남편의 모습이 아기 천사 같다.

인생 끝자락에 저렇게 죽은 듯이 누워서 아내의 손이 해주는 대로 육신을 맡길 수밖에 없다는 것을 진작 알았다면 정신 차리고 더 잘살았지 않았을까? 말 없이 누워있는 그가 마음에서 조금이라도 생각을 할 수 있다면 가정을 지옥처럼 만들어 놓으며 살아온 지난 삶에 대하여 얼마나 처절하게 후회하고 있을까.... 아기 천사처럼 누워있는 남편을 보면서 이런 생각을 하는 내가 오히려 그 사람이 측은하고 불쌍한 생각이 든다. 차라리 기억을 다 잊고 그냥 아이 그대로 아무 생각 없이 있으면 좋겠다.

부부라고 해도 살았다고 펄펄 뛸 때는 손끝이 닿는 것조차 싫었다. 그런데 죽은 듯이 누워있으니 자꾸 만져주고 싶다. 등에 배기는 것은 없나, 다리가 불편하지는 않나, 기저귀에 실례는 하지 않았나, 뭐 먹고 싶은 것은 없을까 하고.... 기척도 없이 누워

있으니 나는 자주 "000씨!"라고 그의 이름을 불러주었다. 매번 불러도 대꾸도 없던 그가 어느 날 "000씨!"하고 불렀더니 "000씨 되게 불러대네" 그런다. 깜짝 놀라서 "내가 지금 많이 불러야지 당신 천국 가고 나면 못 부르니까."했더니 "허공에다 대고 불러" 그런다.

나는 그날 알았다. 어쩌면 자신이 처한 상황을 어느 정도는 알고 있지만, 일부러 눈을 감고 모르는 척 나의 손길을 잠잠히 받아들이고 있다는 것을.... '염려하지 마시오. 내 당신 가는 그날까지 잘 보살펴 주리다. 마음을 편히 놓으시오.' 마음에서 탄식의 중얼거림을 했다.

새벽 알람 소리에 기상해서 하루의 일과를
자동으로 움직이는 로봇처럼 분주하다.
혈압 재고, 혈당 재고, 기저귀 갈고, 닦이고
죽 만들어 먹이고, 양치 해주고

맑은 날은 아메리카노, 궂은 날은 커피믹스
한 잔 들고 앉으면 시름은 간데없고

심연을 뚫고 미소가 피어오른다.

젊은 날의 고난은 죽을 것 같았으나
늙어 찾아오는 인생사 다 그러하니
은혜로, 감사로 시간을 아끼고 즐긴다.

오늘도 꽃은 피고 지고....

병의 위중함으로 의사 선생님이 예측한 남편의 남은 삶의 시간
들이 지나가고 있었다. 자주 폐에 물이 차기 때문에 물을 제거하
러 병원을 가야 했고, 헤모글로빈 수치가 위험수위까지 떨어져
서 자주 수혈을 받으러 병원을 가야 했다. 병원 응급실 단골이
된 지 오래다.

병원에 도착하면 보호자가 말하지 않아도 이미 다 아는 병원
기록대로, 일사천리로 환자를 돌봐준다. 담당 주치의 선생님께
신세를 많이 졌다. 감사하다.

담당 주치의 선생님은 남편이 입원해 있는 동안 15분이나 심
정지가 왔었는데, 내가 연락받고 병원에 도착하기 전에 남편의

목구멍에 숨구멍을 뚫어서 살려낸 분이시다. 그 당시 사람들이 이구동성 말했다. 15분 심정지면 사망 선고를 내린다고. 생명을 두고 그렇게 말할 수밖에 없었던 이유는 그렇게 사는 것은 환자 본인에게도 좋은 일이라고 생각할 수가 없었기 때문이다. 그렇게 깨어난 남편은 와상환자가 되었고 대소변을 혼자 처리하지 못하는 비참함을 맞이하게 되었다. 뇌도 심각하게 망가져서 기억을 잃어가기 시작했고 언어도 어눌하면서 소리를 내지 않게 되었다.

그때 나는 알게 되었다. 하나님께서 아직 남편을 통하여 우리 가정에 하실 일이 남았기 때문에 그를 살려주셨다는 것을. 심정지가 오기 전까지만 해도 정신은 말짱했으니 누워서도 매사에 내가 해주는 것에 불만족스럽게 여겼고 원래 화가 많은 사람이라 불평불만이 많았다. 나도 그를 마음으로 받아들이지 못하고 의무로만 돌보고 있었기 때문이다.

그러나 하나님께서는 우리 가정의 완전한 회복을 준비하고 계셨다. 우리 부부의 마음이 진심으로 하나가 되길 바라시고 시간을 주시며 기다리고 계셨던 것이다.

돌아보면 내가 지금까지 살면서 마음이 평안하고 과거에 대한 후회도 없고 사람에 대한 미움도 원망도 없는 것은 남편의 마지막 과정들을 하나님께서 세밀하게 진두지휘하시면서 가족 간에 감정까지도 회복하게 하셨고 그를 끝까지 놓지 않으시고 다듬으셔서 천국으로 입성케 하신 하나님의 무한한 사랑하심이 있었기 때문이다. 또한, 그 때문에 이렇게 부족한 사람이 지나온 삶을 반추해 볼 수 있는 용기가 생겨서 글도 쓸 수 있는 것이 아닌가. 오직 하나님께 감사요 하나님의 은혜이다.

모든 믿음의 사람들은 우리 하나님을 우리의 생각 틀에 가두어 놓고 가능 불가능을 예측하는 일은 절대 없어야 한다. 무엇이든 간절함으로 기도하며 기다리면 하나님의 때에 하나님의 방법으로 일하시는 것을 우리는 꼭 볼 수 있을 것이다.

휠체어를 밀고 병원에서 만나면 본인의 잘못인 양 아주 안타깝게 여기시는 의사 선생님께서 어느 날 보호자 면담을 요청하셨다. 그때 '의사 선생님께서 저렇게라도 살려주신 덕분에 우리가 묵은 감정들을 정리하고 가정이 회복되었다고 고맙다고....' 말씀드렸다. 의사 선생님은 한참을 말없이 나를 바라만 보셨다. 나는 그 순간 속으로 기원했다. 그 선생님이 믿음의 사람이면 믿음의 진보가 있기를. 아니면 예수 그리스도를 만나는 계기가 되기를.... 의사 선생님은 환자가 버틸 수 있는 시간이 길어야 6개월 정도라고 얘기하셨다. 그리고 그 시간을 채우고 남편은 갔다.

그동안 많은 날을 아들네 딸네가 번갈아 가며 병원행을 도우며 아빠의 병상을 지켰다. 살면서 못 볼 꼴을 자주 보여준 아빠지만 아이들은 말없이 아빠를 섬겼다. 고맙다. 내 아이들을 하나님의 계획에 따라 인도하시고 축복하십시오!!

하나님을 신뢰하는 만큼 맡겨드릴 수 있고
하나님께 맡겨드린 만큼 기적을 체험할 수 있다.

어느 날 남편이 내게 묻는다. 본인이 죽고 나면 어떻게 살 건지 생각해 봤냐고. 남편의 그 의도는 최근 기억이 다 지워지고 과거 어디쯤으로 돌아가 있기에 내가 아직 젊은 사람으로 생각해서 재혼이라도 할 것인지를 물음이었다.

"아무 계획 없다. 하나님 일하고 살 거다." 했더니 혼자 사느라 고생하지 말고 빨리 오란다. "당신이 가서 하나님께 부탁해 봐 우리 마누라 빨리 부르시라고....” 정신줄을 놓고 있어도 그는 한 번씩 또박또박 하고 싶은 말을 한다.

남편이 숨을 거두기 일주일 전쯤의 일이다. 환자 침대 옆에 앉아서 살짝 졸고 있었던 것 같다. 남편의 손이 내 등을 만지며 하는 말에 나는 감전이라도 된 듯 놀랐다. “당신이 이렇게 좋은 사람인지를 진즉 몰랐던 것이 후회된다. 미안하다. 고맙다. 사랑한다.” 남편의 정신이 돌아와 있었다. 어눌했던 발음도 정확하게 했다.

그 사람과 결혼해서 40년을 넘게 살면서 그 사람으로부터 받은 상처가 깊이 박혀서 늘 가슴에 바윗덩이 하나를 달고 사는 사람 같았다. 또 가슴에는 늘 외로움의 냉기가 흘러내렸었다. 제대로 말을 못 했던 남편이 내 등을 만지며 또박또박하는 그 말에 오랜 세월 가슴에 올려져 있던 바윗덩이가 떨어져 나갔다. 냉기가 흐르던 가슴엔 봄바람이 불어왔다.

남편의 죽음 하루 전 병원에서 투석하다가 의사 선생님이 중단을 시키셨다. 그리고 "마음의 준비를 하고 있으라."고 하신다. 그 밤을 밤새 평안하게 잘 자고 일어났다. 아이들이 와서 임종 예배를 드렸다. 남편은 다른 날보다 컨디션이 좋았다. 아침부터 평상시보다 잘 먹는다. 늘 감고 있던 눈을 뜨고서 나의 움직임을 눈으로 계속 따라다닌다. 다른 날보다 정신도 맑았다. 오후가 지나고 저녁이 되어도 맑은 정신으로 나를 자꾸 바라다본다. 아이들 오라고 할지 물었더니 "아니" 그런다. "나만 있어도 괜찮아?" 물었더니 고개를 끄덕인다.

아빠가 가실 것 같다고 아이들을 다 오라고 기별했다. 자리를 비우지 않고 그 옆을 계속 지키고 있었다. 방안에는 찬송가 492장을 틀어 놓고 있었다.

잠시 세상에 내가 살면서 항상 찬송 부르다가
날이 저물어 오라 하시면 영광 중에 나아가리
열린 천국문 내가 들어가 세상 짐을 내려놓고
빛난 면류관 받아 쓰고서 주와 함께 길이 살리

눈물 골짜기 더듬으면서 나의 갈 길 다 간 후에

주의 품 안에 내가 안기어 영원토록 살리로다
열린 천국문 내가 들어가 세상 짐을 내려놓고
빛난 면류관 받아 쓰고서 주와 함께 길이 살리
나의 가는 길 멀고 험하며 산은 높고 골은 깊어
곤한 나의 몸 쉴 곳 없어도 복된 날이 밝아오리
열린 천국문 내가 들어가 세상 짐을 내려놓고
빛난 면류관 받아 쓰고서 주와 함께 길이 살리

한숨 가시고 죽음 없는 날 사모하며 기다리니
내가 그리던 주를 뵈올 때 나의 기쁨 넘치리라
열린 천국문 내가 들어가 세상 짐을 내려놓고
빛난 면류관 받아 쓰고서 주와 함께 길이 살리

남편에게 "이 찬양 어때?"라고 물었더니 "좋네" 그러면서 하는
말이 "00이 예배 좀 틀어봐" 하면서 스르르 눈을 감았다. 그것이
그의 마지막 말이고 마지막 듣는 그의 목소리였다. 숨을 거두는
그 순간에 이 땅에서의 마지막 언어로 사위 목사의 예배를 틀어
달라는 그의 소리가 내 귀에는 '내 아들, 내가 데리고 간다.'라고

확인시키시는 하나님의 음성으로 들렸다. 할렐루야!!

2022년 9월 13일 저녁 8시

그가 갔다. 천국으로, 하나님 품에 안겼다.

그 가는 길을 내가 끝까지 배웅했다. 감사로, 은혜로 보냈다.

그의 삶은 치열한 전쟁 같았으나 마지막 가는 길은 아름다웠다.

내 남은 생 살아가다가 문득 당신이 보고 싶으면

허공에다 대고 그대를 부르리다.

그대가 그렇게 하라고 알려줬으니

이 땅에서 분량을 살아내느라 애썼습니다.

고맙습니다. 잘 가시오. 굿바이....

부르심과
섬김의
삶

부르심과 섬김의 삶

'버려진 썩은 사과는 더 달콤했다.'라고 제목을 달아 놓으니 은근히 마음에 든다.

타국에서 신학 공부를 시작했을 때 생활비를 절약하느라 마트가 문 닫는 시간에 찾아가서 버려놓은 썩은 사과를 가져다가 먹으면 그것이 그렇게 달콤할 수가 없었다. 그러나 그보다 더 달콤한 것은 상처투성이인 나를 싸매고 고쳐서 치유하신 하나님의 사랑의 맛이다.

그냥 두셨으면 죄인으로 죽을 수밖에 없었던 나를 예수 십자가의 사랑으로 구원하셔서 영원한 생명을 갖게 하셨고, 철저한 에고이스트인 나를 이타적인 사람으로 변화시키시고, 한없이 부족한 무지렁이를 종 삼으시고 기도하는 성령의 사람 되게 하셔서 교육 전도사로, 전임전도사로, 목사로 시기마다 곳곳에서 쓰임에 맞게 일꾼으로 써주시고, 깨질 수밖에 없었던 우리 가정을 회복시키시어 자녀 대대로 믿음의 유업을 이루어가게 하시고, 성부 성자 성령 삼위일체 하나님께서 내 삶에 찾아오셔서 행하신 이 일들을 생각하면 작은 투정도 불만도 사치이고 모든 되어 가는 일의 모든 일체가 은혜요 감사임을 고백하지 않을 수 없다.

무엇보다도 내 인생 여정에서 가장 자랑하고 싶은 것 한 가지는 교회에서 성도님들을 충성으로 섬긴 사역도 아니요, 중보기도자로서도 아니다. 원수 같은 남편을 만나서 그 사람을 나의 첫 번째 양이라고 하신 하나님의 말씀에 따라 그 양을 위하여 고통도 아픔도 이겨내며 그 양을 끝까지 쳐서 하나님 손에 올려드린 것이 내 믿음의 열매요 내 사역의 결정체인 것을. 어쩌면 그 한 마리 양을 치기 위해서 긴 세월을 신학 공부하고 훈련하고 연단받은 것이 아닐까 생각을 한다. 그것이 내게는 주님을 만나면 칭찬을 받고 싶은 자랑거리이다.

할렐루야!!

칠순의 나이가 되었다. 백 세 시대라고 하지만 언제고 하나님께서 본향으로 돌아오라 하시면 감사함으로 갈 준비를 한다. 내 인생 끝자락에 제자광성교회 등록 교인이 된 것은 하나님의 축복이다. 함께하는 셀 식구들에게도 감사를 전한다. 그들과 함께 믿음으로 계속 진보해 갈 것이다.

남들보다 늦은 나이에 부르셨지만, 건강한 교회를 필요할 때마다 만나게 하셔서 성도님들에게 과하게 섬김을 받고 사역했다. 이제는 그 받은 섬김을 돌려드린다는 마음으로 살 것이다.

남은 삶을 주님의 빛을 통과시키는 프리즘으로 살고 싶다. 삶의 골짜기를 먼저 걸어온 믿음의 선배 자격으로 지금 그 골짜기를 걷고 있을 믿음의 후배들에게 힘을 내서 그 빛 속으로 어서들 걸어 들어오라고 응원하고 기도하며 살아갈 것이다.

서너 달 전에 같은 동네에 사시는 마음이 맑으신 권사님을 만났다. 새벽예배 오가며 얼굴을 익히고 그냥 일상적인 인사로 시작해서 이제는 함께 걷기 시작했다.

서로 조심스럽게 소소한 이야기로 마음을 트고나서 조금씩 살아온 이야기도 나누다가 이제는 살아가는 이야기를 진솔하게 나누며 걷는다. 걷는 취미가 맞으니 조용히 자연을 바라보며 함께 걷기만 해도 좋다.

이사 온 지 1년차.... 내게는 아직 낯선 동네였는데 권사님 덕에 여기저기 이쁜 길을 익혀가고 있다.

좋다.... 이 시간이....

무릎이 아프고 부터는 혼자 걸을 용기가 줄었었는데, 권사님과 나는 '예배당이 있는 이 동네에서 살다가 귀향해야지'하는 같은 마음이니 오래도록 건강하게 함께 걸었으면 좋겠다.

나는 오늘도 이렇게 일상을 살아가고 있다.

할렐루야!!

기도는 생명줄이고
말씀은 삶의 방향키이다.

그분의
마음을
따라가는 삶

나이를 또 하나 더하기 했다

삶의 근간이 흔들리는 때도 있었지만

살아내니 그것이 감사더라

뒤안 길이 자꾸 쌓이니 때로는

그 생각들에 밤잠 설치지만

동트고 나니 그것이 추억이더라

아옹다옹 뒤틀리는 관계도

한 발 물러나 관객이 되었더니

그것이 사랑이더라

나무처럼 묵묵히 나이테의 흔적을
삶 속에 새겨가니 그것이 주님을 향한
그리움이 되었더라

천성을 향한 나그네 길이 점점 끝나가니
사명의 마침표를 찍기 위한 발걸음에
꾹꾹 힘을 실어 오늘도 걷는다

날이 덥다

울창한 너무숲에 사는 특혜를 누리고 있으니

종일 매미들의 합창을 듣는다

무엇 때문에는 힘들고

그것 때문에는 샬롬이고

인생은 언제나 양면이 공존한다

늙어가면서 점점 이목에서 자유로워진다

이러는 것이 좋은건지 모르겠다

단지 스스로 많은 감정을 품지 않는다

내 마음의 용량이 부족해서이다

많은 생각을 담고 있는 것이 싫다

비우고 단순하게 담백하게

하늘을 품는 것에 집중하고 싶다

그래야 내가 살기 때문이다

새벽기도를 마치고 예배당 현관을 나서니

굿바이 가을비에

젖은 낙엽들이 풍기는 그윽한 향이

코끝을 자극한다

젊은 날 좋아하던 니나리치향 보다

아침이면 생각나는 커피향 보다

잊었던 엄마의 냄새처럼 향기롭다

고요한 밤새

낙엽은 내리치는 빗줄기에 속살을 드러내고

동트는 아침에 풍겨낼 좋은 향을 만드느라

고군분투 했으리

나는 그리스도의 향기인데

인생의 빗줄기에 무장해제하고

주님의 손길에 나를 맡기고 있는가

삶은 성숙하게 숙성되어 가고 있는가

인생은 늘 보수 중이라지만 오늘은

비에 젖은 낙엽향이라도 되고 싶다

폐 차

내 인생의 한 부분을 또 지웠다

20여 년을 함께한 자동차를 폐차장으로 보내고

가슴이 울렁거린다

내 발이 되어서 달려주었고

눈물의 기도방이 되어주었고

마음껏 찬양을 할 수도 있었고

때로는 사무실도 되어 주었고

잠시 눈을 감을 수 있는 휴식처도 되었었다

딸랑 말소장 사진을 폰으로 받고

통장으로 입금 된 고물값 얼마에

나의 일부분을 내다버렸다

수동식 기어라서 카센타를 가도

나이가 지긋하신 기사분이나 만지시는 차

그러나 내겐 특별했다

늙어 간다는 것은 모든 것들과의 이별이 따른다

사람도 보내고 반려견도 보내고

한 때는 소중했던 물건들을 없애고

오직 한 분 주님만 남는다

그 한 분으로 충분한 삶을 살아간다

눈발이 훗날리듯 내리더니

하늘이 잠시 쉬고 있다

올들어 처음 보는 눈이니 내겐 첫 눈이다

내려다보이는 지붕 위에 얇은 양탄자처럼 깔려있는

하얀 눈을 보며 문득 드는 생각

내 삶의 색은 무엇으로 보여지고 있을까

불순물을 제거한 깨끗한 색일까

진실한가 겸손한가

남을 나보다 낮게 여기는가

사랑이 있는가

거룩한가

다시 허리를 동인다

이 땅에서의 남은 삶

빛나는 것은 아니더라도

순수한 색이고 싶다

주님! 제 손을 잡아 주십시오

주님 보다 앞서지 않고

주님의 걸음 방향에서 이탈하지 않고

주님만 따라서 걷도록 도와주십시오

주님 사랑합니다

고난주간 시작 날에

십자가를 묵상타가

문득 엄마가 그립다

황혼의 나이에도 가슴이 아프도록

그리울 수 있구나 엄마가

그 분이 채찍에 맞음으로

내가 나음을 입었다

십자가에 달리심으로

내가 구원을 받았다

헛되이 말자 그 고귀한 죽음을

눈이 부시게 햇살을 비추이고

벚꽃 잎은 수줍게 웃는다

봄은 왔는데 상춘객의 발은 묶였다

청색 핑크색 어디에 한 표를 던질까

아카시아 향이 맡고 싶다

라벤더 향도

주님 사랑합니다

뜻하심 따라 살겠습니다

마음

비우고 또 비워도

잡다한 것들이 그득하다

염려 걱정 아픔 그리움

이젠 무뎌질만도 하건만

"하나님이여 내 속에 정한 마음을 창조하시고

내 안에 정직한 영을 새롭게 하소서

나를 주 앞에서 쫓아내지 마시며

주의 성령을 내게서 거두지 마소서" (시 51:10-11)

믿음의 역점엔 광야로 교재는
꼭 거쳐야 하는 필수 코스가 있다

광야이 고난으로 느껴지면
아직 끝나믄 것이고

광야이 은혜라 감사로 여겨지면
끝나믄 것이다 。

느슨한 행복

천원으로 한 잔에
따듯한 아메리카노 한 잔 테이크아웃

가을 햇살아래 나무랑 꽃과 잔디밭
향기가 있는 나만의 노천카페

얼싸 좋구나 한 모금에 생기는 작은 행복
그라움에 마음을 내어주고 사색하며 걸으면

이것은 행복이다.

해아님의 사랑들이여
하늘과 땅차의 함께의 꽃을 들고
너와나 땅에서 일어나 걸을 걸으라

나종과 같다
꿈없이 늘 앞에 계시니 …

꿈께서 인도하시는 길은
처럼과 꿈들입니다

늘에 아름답게서 핀 꽃도
제 꿈들의 역잖이 오나네

기도하는 사랑의 마음하나
꿈께서 다시써 받어 주시기에 。

기도는
아픔을 품고
어둠속의 긴 터널을 뚫고 나가
빛을 만나는 것

기도는
주님과 함께
십자가를 짊어지며
다른 반쪽을 영원히 갈망하는 것.

걷고
걷고
걷는다
아끼지 않으려

삶
그 자체가 낭만이오

삶
그 자체가 명상이다.

아침에 눈을떠서
창문을 열면
재밌지않을까?

이슬이 맺혀있는 풀들이 보이고
풀잎 사이에 숨어있는
벌레 같은 미물들이 보이는

나가서 앉아보는 상쾌하고
선선한 바람에 땀방울이 마르고
들판에 있는 길을 걸어가는

햇살이 내리쬐는
깨끗한 호숫가 옆에 앉아서
알록달록한 꽃이 필 때를 생각하는

아침 햇살은

울자이드를 비잡으

꾸밈의 없는

마음의 빗장을 녹이고

방안은 훤했으나 한겨로
창 밖은 캄캄한데 창이 거울이 되었다
얼굴 그 창에 갖다주 하다 가으다
깜짝 놀났다
쳐주가신 엄마가 거기에 서있다

언제 꼭 지은이 몸아를 호내어
나 눈까에 머뭄어라고 해났나
갑사 내가 그 모듬이 외갰나 호라
창에 비친 모듬은 영각 없는 엄마의 모듬이다

내가 눈에거고 있다
엄마는 2000 가고 있다.

장재 주장은 관념이다
그 어떤 반영도 필요치 않다
오직 순정이다 요

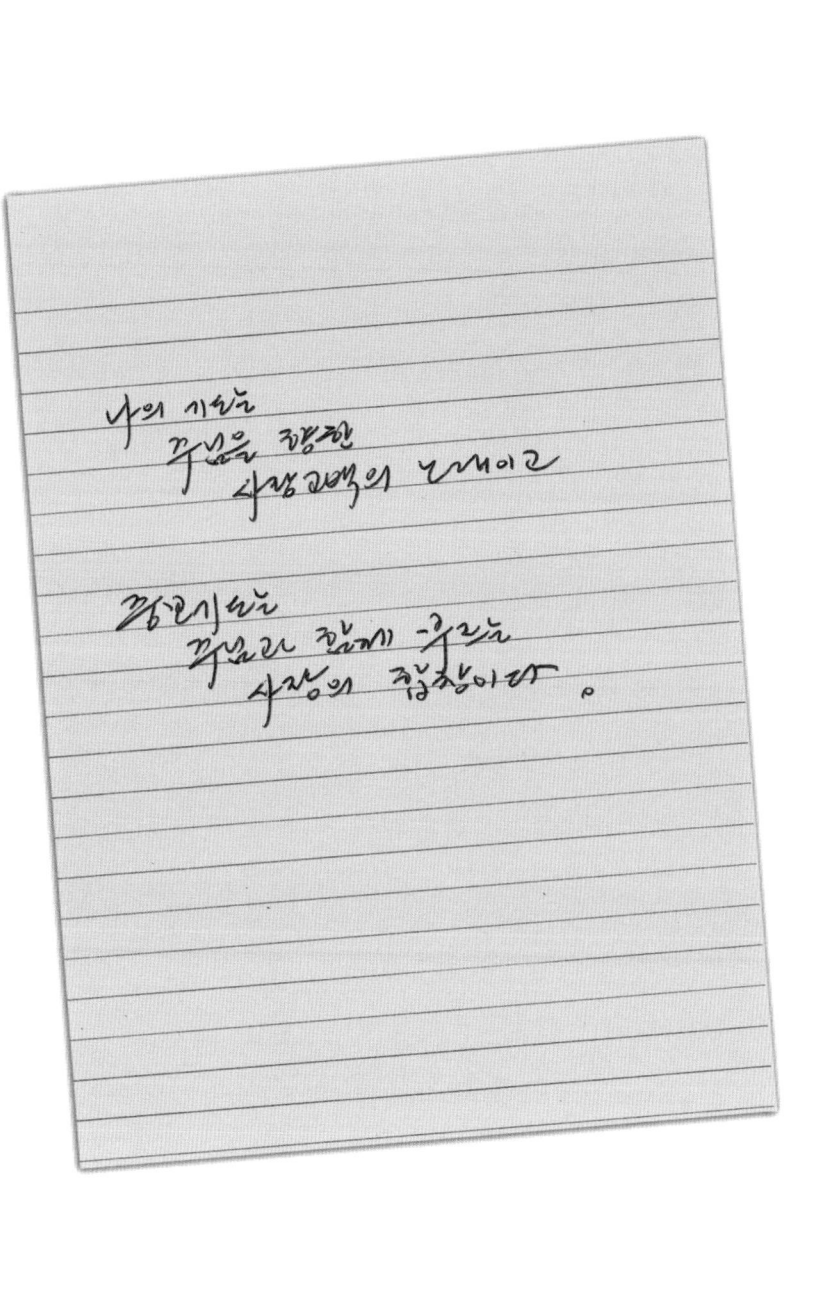